Inhaltsverzeichnis

Quadratische Gleichungen

Daten und Zufall

Vorschlag für einen Stoffverteilungsplan mit Zuordnung der Niveaustufen

Bei der Erstellung dieses Stoffverteilungsplans gehen wir von 35 zur Verfügung stehenden Schulwochen aus. Das Schuljahr besteht zwar aus insgesamt 38 Wochen, davon bleiben drei im Stoffverteilungsplan unberücksichtigt, da der Mathematikunterricht wegen Klassenfahrten, Projektwochen usw. in der Regel nicht in 38 Schuljahreswochen planmäßig stattfindet.
Es ist das Niveau ausgezeichnet, das im Teilkapitel hauptsächlich behandelt wird.

Inhalt	Seite	Niveau	Prozessbezogene Kompetenzen	Woche
Potenzen und Wurzeln Noch fit? Potenzen und Wurzeln Zehnerpotenzen *Thema:* Mikrokosmos und Makrokosmos *Thema:* Aufbau des Zahlensystems *Methode:* Direkte und indirekte Beweise Vermischte Übungen Alles klar? Zusammenfassung	 8 9 13 16 18 20 22 25 26	 F F G	*Mathematisch argumentieren* ▪ mehrschrittige Argumentationen zur Begründung und zum Beweisen mathematischer Aussagen entwickeln ▪ Begründungen nachvollziehen und zunehmend selbstständig entwickeln *Mathematisch modellieren* ▪ Sachsituationen in die Sprache der Mathematik übersetzen und entsprechende Aufgaben innermathematisch lösen *Mathematische Darstellungen verwenden* ▪ symbolische und formale Sprache in natürliche Sprache übersetzen und umgekehrt *Mit symbolischen, formalen, technischen Elementen der Mathematik umgehen* ▪ formale Rechenstrategien (schnelles Kopfrechnen und automatisierte Verfahren) ausführen *Mathematisch kommunizieren* ▪ mathematische Informationen in mathematikhaltigen Darstellungen und in nicht aufbereiteten, authentischen Texten erfassen, analysieren und bewerten	1.–4. (4 W.)
Lineare Gleichungssysteme rechnerisch lösen Noch fit? Gleichsetzungsverfahren und Einsetzungsverfahren Lineare Gleichungssysteme mit dem Additionsverfahren lösen *Thema:* Schülerfirma Vermischte Übungen Alles klar? Zusammenfassung	 28 29 33 38 40 43 44	 G H	*Mathematisch argumentieren* ▪ Routineargumentationen wiedergeben ▪ Fehler erkennen, beschreiben und korrigieren *Probleme mathematisch lösen* ▪ Lösungsstrategien (z.B. vom Probieren zum systematischen Probieren) entwickeln und nutzen ▪ Zusammenhänge erkennen und Lösungsstrategien auf ähnliche Sachverhalte übertragen ▪ Lösungswege reflektieren *Mathematisch modellieren* ▪ Sachaufgaben zu Termen, Gleichungen und bildlichen Darstellungen formulieren ▪ zu einem mathematischen Modell verschiedene Realsituationen angeben ▪ mathematische Lösungen in Bezug auf die Ausgangssituation prüfen und interpretieren *Mit symbolischen, formalen, technischen Elementen der Mathematik umgehen* ▪ Tabellen, Terme, Gleichungen und Diagramme zur Beschreibung von Sachverhalten nutzen ▪ Kontrollverfahren nutzen ▪ Lösungs- und Kontrollverfahren hinsichtlich ihrer Effizienz bewerten	5.–8. (4 W.)

Inhalt	Seite	Niveau	Prozessbezogene Kompetenzen	Woche
Pyramide, Kegel, Kugel			<u>*Mathematisch argumentieren*</u> ▪ Fehler erkennen, beschreiben und korrigieren ▪ Ergebnisse bezüglich ihres Anwendungskontextes bewerten ▪ die Plausibilität von Vermutungen begründen <u>*Probleme mathematisch lösen*</u> ▪ heuristische Hilfsmittel zum Problemlösen anwenden <u>*Mathematische Darstellungen verwenden*</u> ▪ zwischen verschiedenen Darstellungen und Dar-stellungsebenen wechseln (übersetzen) <u>*Mit symbolischen, formalen, technischen Elementen der Mathematik umgehen*</u> ▪ mathematische Hilfsmittel und Werkzeuge sachgerecht auswählen und flexibel einsetzen <u>*Mathematisch kommunizieren*</u> ▪ relevante Informationen aus Sachtexten und anderen Darstellungen entnehmen und sich darüber mit anderen austauschen ▪ mathematische Zusammenhänge unter Nutzung von Fachsprache und geeigneten Medien mündlich und schriftlich präsentieren ▪ Aufgaben gemeinsam bearbeiten	19.–16. (8 W.)
Noch fit?	46			
Pyramiden und Kegel erkennen und zeichnen	47	F/G		
Mantel und Oberfläche einer Pyramide	51	F/G		
Mantel und Oberfläche eines Kegels	55	G		
Volumen von Pyramide und Kegel	59	F/G		
Volumen und Oberfläche einer Kugel	63	G		
Thema: Die Pyramiden von Gizeh	66			
Methode: Projektionen	68	G		
Vermischte Übungen	70			
Alles klar?	73			
Zusammenfassung	74			
Quadratische Funktionen			<u>*Mathematisch argumentieren*</u> ▪ Fragen stellen, die für die Mathematik charakteristisch sind (Gibt es …? Wie verändert sich …? ▪ Ist das immer so …?) ▪ Ergebnisse bezüglich ihres Anwendungs-kontextes bewerten ▪ Beispiele oder Gegenbeispiele für mathema-tische Aussagen finden <u>*Mathematisch modellieren*</u> ▪ reale Situationen strukturieren und vereinfachen ▪ reale Situationen mit mathematischen Modellen beschreiben ▪ mathematische Lösungen in Bezug auf die Ausgangssituation prüfen und interpretieren ▪ verwendete Modelle reflektieren <u>*Mathematische Darstellungen verwenden*</u> ▪ geeignete Darstellungen für das Bearbeiten mathematischer Sachverhalte und Probleme auswählen, nutzen und entwickeln <u>*Mit symbolischen, formalen, technischen Elementen der Mathematik umgehen*</u> ▪ Variablen und Funktionen zur Bearbeitung von Aufgaben nutzen <u>*Mathematisch kommunizieren*</u> ▪ eigene Vorgehensweisen beschreiben, Lösungswege anderer nachvollziehen und gemeinsam Lösungswege reflektieren	17.–24. (8 W.)
Noch fit?	76			
Binomische Formeln	77	G		
Die Normalparabel	79	G		
Verschiebung der Normalparabel	83	G		
Formänderung der Normalparabel	87	G		
Thema: Nutzung eines Funktionenplotters	90			
Allgemeine Form und Scheitelpunktform	91	H		
Nullstellen von quadrati-schen Funktionen	95	G		
Thema: Rund ums Auto	98			
Vermischte Übungen	100			
Alles klar?	105			
Zusammenfassung	106			

Inhalt	Seite	Niveau	Prozessbezogene Kompetenzen	Woche
Quadratische Gleichungen Noch fit? Rein quadratische Gleichungen lösen Allgemein quadratische Gleichungen lösen *Thema:* Gewinnoptimierung Vermischte Übungen Alles klar? Zusammenfassung	 108 109 113 120 122 125 126	 G G	*Mathematisch argumentieren* ▪ Routineargumentationen wiedergeben ▪ Ergebnisse bezüglich ihres Anwendungskontextes bewerten ▪ mathematische Aussagen hinterfragen und auf Korrektheit prüfen ▪ Zusammenhänge und Strukturen erkennen und Vermutungen zu mathematischen ▪ Situationen aufstellen *Probleme mathematisch lösen* ▪ Aufgaben bearbeiten, zu denen sie noch keine Routinestrategie haben (sich zu helfen wissen) ▪ Probleme selbst formulieren *Mathematisch kommunizieren* ▪ mathematische Fachbegriffe und Zeichen bei der Beschreibung und Dokumentation von Lösungswegen sachgerecht verwenden	25.–29. (5 W.)
Daten und Zufall Noch fit? Statistische Darstellungen kritisch analysieren Befragungen und Darstellungen manipulieren *Thema:* Darstellungen von Daten *Methode:* Diagramme mit dem Computer manipulieren *Thema:* Manipulation bei Umfragen Zweistufige Zufallsexperimente Vermischte Übungen Alles klar? Zusammenfassung	 128 129 133 136 138 140 141 144 147 148	 G G F G	*Mathematisch argumentieren* ▪ Fehler erkennen, beschreiben und korrigieren ▪ mathematische Aussagen hinterfragen und auf Korrektheit prüfen *Mathematisch modellieren* ▪ relevante Informationen aus Sachtexten und anderen Darstellungen entnehmen *Mathematische Darstellungen verwenden* ▪ Darstellungen zielgerichtet verändern ▪ eine Darstellung in eine andere übertragen ▪ verschiedene Darstellungen vergleichen ▪ Darstellungen bewerten oder interpretieren *Mathematisch kommunizieren* ▪ mathematische Zusammenhänge adressatengerecht beschreiben ▪ eigene Problembearbeitungen und Einsichten dokumentieren und darstellen ▪ Verabredungen treffen und einhalten	30.–34. (5 W.)
Vorbereitung auf vergleichende Arbeiten/ Berufseingangstest	ab 150		*Probleme mathematisch lösen* ▪ mathematische Kenntnisse, Fähigkeiten und Fertigkeiten bei der Bearbeitung von Problemen anwenden *Mathematisch modellieren* ▪ relevante Informationen aus Sachtexten und anderen Darstellungen entnehmen ▪ Sachsituationen in die Sprache der Mathematik übersetzen und entsprechende Aufgaben innermathematisch lösen *Mit symbolischen, formalen, technischen Elementen der Mathematik umgehen* ▪ Tabellen, Terme, Gleichungen und Diagramme zur Beschreibung von Sachverhalten nutzen *Mit symbolischen, formalen, technischen Elementen der Mathematik umgehen* ▪ formale Rechenstrategien (schnelles Kopfrechnen und automatisierte Verfahren) ausführen	35. (1 W.)

Potenzen und Wurzeln

Noch fit?

Seite 8

1 *Würfel: Volumen und Gesamtkantenlänge berechnen; Schrägbild zeichnen*
a) „Tiefenlinien" im Winkel von 45° und auf die Hälfte verkürzt zeichnen
b) Zeichenübung eines Würfelschrägbildes
c) $a^3 = a \cdot a \cdot a = 27\ \text{cm}^3$
d) $12 \cdot a = 36\ \text{cm}$

2 *Rechenvorteile beim Multiplizieren und Dividieren nutzen*
a) 4700 **b)** 1 000 000 **c)** 340 000 **d)** 100 **e)** 200 **f)** 750

3 *Terme mithilfe des Distributivgesetzes geschickt berechnen*
a) 480 **b)** 1025 **c)** 7752 **d)** 918 **e)** 1780 **f)** 6633 **g)** 17 850 **h)** 28 500

4 *Quadratzahlen und Kubikzahlen bestimmen*
Quadratzahlen: 121; 100; 25; 1; 324 Kubikzahlen: 8; 125; 1; 27

5 *Umfang und Flächeninhalt von Rechteck, Quadrat und Kreis berechnen*
a) $u = 22\ \text{cm};\ A = 28\ \text{cm}^2$ **b)** $u = 52\ \text{m};\ A = 169\ \text{m}^2$ **c)** $u \approx 18{,}85\ \text{dm};\ A \approx 28{,}27\ \text{dm}^2$

6 *große Zahlen als Worte schreiben*
a) drei Millionen **b)** einhundertdrei Millionen **c)** zwölf Milliarden
d) vierhundert Millionen **e)** acht Milliarden fünfhundert Millionen **f)** siebzig Milliarden fünf Millionen
g) siebenundfünfzig Billionen **h)** sechs Billiarden **i)** fünfundneunzig Trillionen

7 *Zahlenrätsel lösen*
a) $(x + 4) \cdot 2 = 70;\ x = 31$ **b)** $(x - 16) : 5 = 18;\ x = 106$ **c)** $x^2 : 4 = 16;\ x = 8$ oder $x = -8$

Bunt gemischt

1. 14,70 € **2.** $P(\text{rot}) = \frac{2}{6} = \frac{1}{3}$ **3.** $A = 374\ \text{cm}^2$ **4.** $13 > 5$

Potenzen und Wurzeln

Erforschen und Entdecken

Seite 9

1 *Zahlenrätsel zu mehrfach nacheinander ausgeführten Multiplikationen lösen*
Ⓐ 6; Ⓑ 4; Ⓒ 7; Ⓓ 8; Ⓔ 3; Ⓕ 5

2 *Anwachsen durch Verdoppeln anhand von Faltübungen untersuchen*

a)

Anzahl der Faltungen	0	1	2	3	4	5	6	7	8	9	10
Dicke in mm	0,1	0,2	0,4	0,8	1,6	3,2	6,4	12,8	25,6	51,2	102,4

b) Höhe nach 14 Faltungen: 1638,4 mm ≈ 1,64 m Nach 15 Faltungen ist der Stapel bereits etwa 3,28 m hoch.
c) Ja, mit 20 Faltungen erreicht man bereits eine Höhe von 104 857,6 mm ≈ 104,9 m.

d)

Anzahl der Faltungen	0	1	2	3	4	5	6	7	8	9
Anteil vom ursprünglichen Oberflächeninhalt	1	$\frac{1}{2}$	$\frac{1}{4}$	$\frac{1}{8}$	$\frac{1}{16}$	$\frac{1}{32}$	$\frac{1}{64}$	$\frac{1}{128}$	$\frac{1}{256}$	$\frac{1}{512}$

e) Faltübung; Mehr als sieben Mal kann man ein DIN-A4-Blatt nicht falten.

3 *verschiedene Rechenoperationen mehrfach nacheinander auf eine Startzahl anwenden*
a) Folge der Ergebnisse: ① 5, 7, 9; ② 6, 12, 24; ③ 9, 81, 6561
Nacheinander werden die Ergebnisse in den Ketten immer schneller größer. Beim Quadrieren wachsen die Ergebnisse am schnellsten.
b) Folge der Ergebnisse: ① 2,5; 4,5; 6,5; ② 1; 2; 4; ③ 0,25; 0,0625; 0,003 906 25
Die Ergebnisse werden in der ersten beiden Folgen größer, in Folge ③ werden die Ergebnisse kleiner.
c) ① 994; ② 125; ③ ≈2,37
d) ① −5; ② 0,125; ③ 1 oder −1

Basisaufgaben

Seite 11

1 *Produkte als Potenzen schreiben*

a) 5^6 **b)** $\left(\frac{1}{2}\right)^4$ **c)** 3^4 **d)** x^7 **e)** $(4a)^4$ **f)** $(0{,}1u)^3$ **g)** $(-7)^4$ **h)** $(-4b)^3$

2 *Potenzen als Produkte schreiben*

a) $4 \cdot 4 \cdot 4$ **b)** $(-5) \cdot (-5) \cdot (-5) \cdot (-5)$ **c)** $\frac{1}{3} \cdot \frac{1}{3} \cdot \frac{1}{3} \cdot \frac{1}{3} \cdot \frac{1}{3} \cdot \frac{1}{3}$ **d)** $b \cdot b \cdot b \cdot b \cdot b \cdot b \cdot b$
e) $(-a) \cdot (-a) \cdot (-a)$ **f)** $3v \cdot 3v \cdot 3v \cdot 3v \cdot 3v$

3 *Werte von Potenzen berechnen*

a) 256 **b)** 216 **c)** 625 **d)** 128 **e)** 289 **f)** 16 807 **g)** $\frac{1}{8}$ **h)** 1 **i)** $\frac{1}{625}$

4 *Werte von Potenzen mit dem Taschenrechner berechnen und runden*
Stellen, auf die gerundet wird, sind individuell.
a) $\approx 0{,}316$ **b)** -128 **c)** 1296 **d)** $\approx 0{,}0063$ **e)** $\approx -0{,}0000005$ **f)** -1 **g)** $\approx 0{,}0014$
h) $\approx 4{,}235$ **i)** 2,531 25

5 *Werte von einander ähnlichen Potenzen mit dem Taschenrechner berechnen und vergleichen*
a) -81 und 81 Das negative Vorzeichen ist im linken Term vor der Potenz und im rechten Term vor der Basis.
b) $\frac{32}{3}$ und $\frac{32}{243}$ Im linken Term wird nur der Zähler potenziert, im rechten Term der gesamte Bruch.
c) 500 und 8000 Im linken Term wird nur der Faktor 5 potenziert, im rechten Term das gesamte Produkt.
d) -2187 und $\approx 0{,}0029$ Im linken Term ist -3 die Basis und 7 der Exponent, im rechten Term ist 7 die Basis und -3 der Exponent.

6 *Werte von Potenzen berechnen*
a) 1; 8; 27; 64; 125; 216; 343; 512; 729; 1000 **b)** 1; 16; 81; 256; 625
c) 1; 2; 4; 8; 16; 32; 64; 128; 256; 512; 1024 **d)** 1; 3; 9; 27; 81; 243; 729
e) 1; 4; 9; 16; 25; 36; 49; 64; 81; 100 **f)** -1; -8; -27; -64; -125; -216; -343; -512; -729; -1000

7 *verschiedene Startzahlen mehrmals nacheinander mit sich selbst multiplizieren*
$2^{10} = 1024$ ($3^7 = 2187$; $4^5 = 1024$; $5^5 = 3125$; $6^4 = 1296$; $7^4 = 2401$; $8^4 = 4096$; $9^4 = 6561$; $10^4 = 10\,000$)

8 *Potenzen vergleichen*
a) $>$ **b)** $<$ **c)** $<$ **d)** $<$ **e)** $=$ **f)** $=$ **g)** $<$ **h)** $>$ **i)** $>$ **j)** $<$ **k)** $=$ **l)** $<$

9 *Quadratwurzeln im Kopf berechnen*
a) 3 **b)** 6 **c)** 10 **d)** 11 **e)** 0,1 **f)** 0,4 **g)** 200 **h)** 1000 **i)** 0,02
Lösungswort: MAGDEBURG; Bundesland: Sachsen-Anhalt

10 *Quadratwurzeln mit dem Taschenrechner berechnen und auf Hundertstel runden*
a) 36 **b)** $\approx 5{,}02$ **c)** $\approx 8{,}33$ **d)** 1,2 **e)** $\approx 3{,}67$ **f)** $\approx 1{,}58$ **g)** $\approx 1{,}56$ **h)** $\approx 1{,}06$ **i)** $\approx 1{,}11$

11 *Kantenlängen von Würfeln bei gegebenem Volumen berechnen*
a) 8 cm **b)** 25 mm **c)** 1,8 cm

12 *Vorzeichen von Potenzen ohne Rechnung erkennen*
Wenn die Basis negativ ist und der Exponent gerade, dann ist der Wert der Potenz positiv. Wenn die Basis negativ ist und der Exponent ungerade, dann ist der Wert der Potenz negativ.
a) Plus **b)** Minus **c)** Plus **d)** Minus

13 *Quadrat- oder Kubikwurzel ermitteln, Begründung angeben*
a) $\sqrt[3]{8} = 2$, denn $2 \cdot 2 \cdot 2 = 8$ **b)** $\sqrt{144} = 12$, denn $12 \cdot 12 = 144$ **c)** $\sqrt[3]{27} = 3$, denn $3 \cdot 3 \cdot 3 = 27$
d) $\sqrt{729} = 27$, denn $27 \cdot 27 = 729$ und $\sqrt[3]{729} = 9$, denn $9 \cdot 9 \cdot 9 = 729$
e) $\sqrt{225} = 15$, denn $15 \cdot 15 = 225$ **f)** $\sqrt{1024} = 32$, denn $32 \cdot 32 = 1024$ **g)** $\sqrt{625} = 25$, denn $25 \cdot 25 = 625$
h) $\sqrt[3]{1000} = 10$, denn $10 \cdot 10 \cdot 10 = 1000$ **i)** $\sqrt[3]{125} = 5$, denn $5 \cdot 5 \cdot 5 = 125$

Weiterführende Aufgaben

Seite 12

14 *Zahlen als unterschiedliche Potenzen darstellen*

a) z.B. $16 = 2^4$; $16 = (-4)^2$ **b)** $-64 = (-4)^3$ **c)** $\frac{1}{32} = \left(\frac{1}{2}\right)^5$ **d)** z.B. $729 = (-27)^2$; $729 = 9^3$

Seite 12

15 *für Wurzeln bestimmen, zwischen welchen natürlichen Zahlen sie liegen*
a) zwischen 4 und 5 **b)** zwischen 5 und 6 **c)** zwischen 9 und 10 **d)** zwischen 10 und 11
e) zwischen 24 und 25 **f)** zwischen 31 und 32

16 *Quadratwurzeln von Stufenzahlen berechnen und Gesetzmäßigkeit erkennen*
2; ≈6,325; 20; ≈63,25; 200; ≈632,5; 2000; ...
Aus der Zahl 4 und jeder zweiten weiteren Zahl (4; 400; 40 000; ...) ist die Quadratwurzel eine natürliche Zahl, die aus der Ziffer 2 und jeweils einer hinzukommenden Null besteht (2; 20; 200; ...).
Die dazwischenliegenden Quadratwurzeln aus den Zahlen 40, 4000, 400 000, ... sind keine natürlichen Zahlen. Sie haben jeweils die gleiche Ziffernfolge; das Komma verschiebt sich jeweils um eine Stelle nach rechts.
Generell gilt: Multipliziert man den Radikanden mit 100, dann wird der Wert der Wurzel verzehnfacht.

17 *für gegebene Potenzen die Basis bzw. den Exponenten angeben*
a) 2 **b)** 5 **c)** 5 **d)** 5 **e)** 3 **f)** 2^3 **g)** 3 **h)** −5 **i)** $\left(\frac{2}{3}\right)^3$

18 *Seiten- bzw. Kantenlängen von Quadrat und Würfel bestimmen*
Quadrat: Seitenlänge $a = 8$ cm; Würfel: Kantenlänge $a = 4$ cm

19 *fehlerhafte Rechnung korrigieren*
Peter hat die Zahlen vor und nach dem Komma getrennt quadriert ($2^2 = 4$; $3^2 = 9$) und die Ergebnisse, durch ein Komma getrennt, als Dezimalbruch geschrieben.
Richtige Vorgehensweise: $2{,}3^2 = 2{,}3 \cdot 2{,}3 = 5{,}29$

20 *das Anwachsen durch Verdoppeln anhand eines „Mobiles" untersuchen*
a) 8 **b)** 32 **c)** $1 + 2 + 4 + 8 + 16 + 32 = 63$

21 *Berechnungen zu einer Kettenbriefaktion anstellen*
a) 120 **b)** 480 **c)** 930 (= 480 + 240 + 120 + 60 + 30)
d) mehrere Antwortmöglichkeiten, z.B.: Viele E-Mails landen im Spamfilter und werden nicht gelesen. Oder: Es beteiligt sich nicht jeder an der Aktion oder leitet die E-Mail nur an eine Person weiter. Oder: Verschiedene Personen leiten die E-Mail an denselben Bekannten weiter. Somit erhalten manche die E-Mail mehrmals.
e) maximal 31 Personen (= 16 + 8 + 4 + 2 + 1), also alle, an die die E-Mail des Schülers weitergeleitet wurde plus dem Schüler selbst. Dies ist die theoretisch mögliche maximale Anzahl von Betroffenen. Vermutlich würden diverse E-Mails von Virenschutzprogrammen als schadhaft erkannt und nicht gelesen bzw. nicht weitergeleitet werden.

22 *das Anwachsen durch Verdoppeln anhand des Verteilens von Flyern untersuchen*
a) Es dauert 9 Runden, wenn man das Austeilen an die Kursteilnehmer als erste Runde zählt.

Runde	1	2	3	4	5	6	7	8	9
Anzahl Flyer pro Person	200	100	50	25	13 oder 12	7 oder 6	4 oder 3	2 oder 1	1 oder 0

b) Wenn man in jeder Runde drittelt, dauert es 6 Runden.

Runde	1	2	3	4	5	6
Anzahl Flyer pro Person	200	67 oder 66	23 oder 22	8 oder 7	3 oder 2	1 oder 0

Zehnerpotenzen

Erforschen und Entdecken

Seite 13

1 *große Zahlen, deren Zahlworte und die entsprechenden Zehnerpotenzen einander zuordnen*

Zahlwort	Zahl	Zehnerpotenz
Million	1 000 000	10^6
Milliarde	**1 000 000 000**	$\mathbf{10^9}$
Billion	1 000 000 000 000	$\mathbf{10^{12}}$
Billiarde	**1 000 000 000 000 000**	10^{15}
Trillion	**1 000 000 000 000 000 000**	$\mathbf{10^{18}}$

2 *Längenangaben (in wissenschaftlicher Schreibweise) in Dezimalschreibweise umwandeln*
a) $2 \cdot 10^{-2}$ mm; 10^{-4} mm; $5 \cdot 10^{-2}$ mm; $4 \cdot 10^{-1}$ mm; $5 \cdot 10^{-3}$ mm
b) Es wird jeweils eine Potenz mit 10 als Basis und negativem Exponenten verwendet. Häufig steht dazu noch ein Faktor davor.

Seite 13

2 Fortsetzung

c) $2 \cdot 10^{-2}$ mm = 0,02 mm; 10^{-4} mm = 0,0001 mm; $5 \cdot 10^{-2}$ mm = 0,05 mm;
$4 \cdot 10^{-1}$ mm = 0,4 mm; $5 \cdot 10^{-3}$ mm = 0,005 mm
Vorgehensweise z.B.: Der negative Exponent der Zehnerpotenz gibt an, an welcher Nachkommastelle die mit der Zehnerpotenz multiplizierte Zahl steht. Wird die Zehnerpotenz mit keiner Zahl multipliziert, dann steht eine 1 an der entsprechenden Stelle.

3 *Zehnerpotenzen und deren Schreibweise als Zahl vergleichen*
$10^2 = 100$; $10^1 = 10$; $10^0 = 1$; $10^{-1} = 0{,}1$; $10^{-2} = 0{,}01$; $10^{-3} = 0{,}001$
Zusammenhang z.B.: Ist der Exponent positiv, dann hat die Dezimalzahl so viele Nullen wie der Exponent angibt.
Ist der Exponent negativ, dann steht die 1 an der Nachkommastelle, wie der Exponent angibt.
Schreibweise als Zehnerpotenz:
Vorteile z.B.: verkürzte Schreibweise und dadurch bessere Lesbarkeit;
Nachteile z.B.: Durch die andere Darstellung kann man nicht so gut im Kopf oder schriftlich damit rechnen.
Dezimalschreibweise:
Vorteile z.B.: herkömmliche Darstellung und dadurch einfacheres Im-Kopf-Rechnen sowie schriftliches Rechnen;
Nachteile z.B.: Unübersichtlichkeit bei einer sehr großen Anzahl von Nullen.

Basisaufgaben

Seite 14

1 *Tabelle zu Zehnerpotenz- und Dezimalschreibweise ergänzen*

Potenzschreibweise	Dezimalschreibweise
10^6	1000000
10^4	**10000**
$\mathbf{10^3}$	1000
$\mathbf{10^2}$	100
$\mathbf{10^0}$	1
10^{-1}	**0,1**
10^{-3}	**0,001**
$\mathbf{10^{-4}}$	0,0001

2 *Zehnerpotenzen als Zahlworte schreiben*
a) hunderttausend **b)** tausend **c)** zehn Millionen **d)** hundert **e)** eine Milliarde
f) eins **g)** zehn **h)** hundert Milliarden

3 *Zehnerpotenzen und Zahlworte einander zuordnen; ergänzen*
Eins – 10^0; **Tausend** – 10^3; Million – $\mathbf{10^6}$; Milliarde – 10^9; Billion – 10^{12}; Billiarde – 10^{15}; Trillion – 10^{18}

4 *Sachaufgabe: Durchmesser eines Haares in Potenzschreibweise angeben*
a) 10^{-1} mm = 10^{-4} m **b)** 100 Mikrometer, denn $100 \cdot 10^{-6} = 10^{-4}$

Seite 15

5 *in wissenschaftlicher Schreibweise gegebene Zahlen in Dezimalschreibweise übersetzen*
a) 3000 **b)** 50000 **c)** 2000 **d)** 4000000 **e)** 0,008 **f)** 0,00003 **g)** 0,07
h) 0,000005 **i)** 0,0004

6 *Dezimalbrüche in wissenschaftlicher Schreibweise angeben*
a) $2 \cdot 10^3$ **b)** $7 \cdot 10^5$ **c)** $9 \cdot 10^6$ **d)** $6 \cdot 10^7$ **e)** $4 \cdot 10^{-2}$ **f)** $5 \cdot 10^{-4}$
g) $6 \cdot 10^{-6}$ **h)** $8 \cdot 10^{-3}$

Weiterführende Aufgaben

7 *Zahlworte in wissenschaftliche Schreibweise übersetzen*
a) $4 \cdot 10^{18}$ **b)** $8 \cdot 10^{15}$ **c)** $6 \cdot 10^{12}$ **d)** $7 \cdot 10^9$

8 *Dezimalzahlen in wissenschaftliche Schreibweise übersetzen*
a) $2{,}8 \cdot 10^9$ **b)** $4{,}5 \cdot 10^7$ **c)** $6{,}34 \cdot 10^{10}$ **d)** $8{,}976 \cdot 10^8$ **e)** $4{,}3 \cdot 10^{-6}$ **f)** $1{,}12 \cdot 10^{-7}$
g) $1{,}208 \cdot 10^{-2}$ **h)** $8{,}4 \cdot 10^{-8}$

9 *Zahlen aus wissenschaftlicher Schreibweise in Dezimalschreibweise übersetzen*
a) 48000000 **b)** 9760000 **c)** 832100000000 **d)** 500100000
e) 0,000154 **f)** 0,000003 **g)** 0,00000021045 **h)** 0,00400101

Seite 15

10 *Sachaufgabe: große Zahl in wissenschaftlicher Schreibweise angeben*
$602 \cdot 10^{21} = 6{,}02 \cdot 10^{23}$

11 *Sachaufgabe: von wissenschaftlicher Schreibweise in Dezimalschreibweise umrechnen*
$3{,}84 \cdot 10^{11}$ mm = 384 000 000 000 mm = 38 400 000 000 cm = 384 000 000 m = 384 000 km = $3{,}84 \cdot 10^5$ km
Der Mond ist 384 000 km (= $3{,}84 \cdot 10^5$ km) entfernt.

12 *in Potenz-, Dezimal- und wissenschaftlicher Schreibweise gegebene Zahlen einander zuordnen*
$1\,200\,000 = 120 \cdot 10^4 = 12 \cdot 10^5 = \mathbf{1{,}2 \cdot 10^6} = 0{,}12 \cdot 10^7$
$120\,000 = 1200 \cdot 10^2 = 12 \cdot 10^4 = \mathbf{1{,}2 \cdot 10^5} = 0{,}12 \cdot 10^6$

13 *Einheitenvorsätze anhand von Speichereinheiten vergleichen*
Von klein nach groß sortiert: Kilobyte, Megabyte, Gigabyte, Terabyte
Umrechnungen:
1 Kilobyte (kB) = 1000 Byte = 10^3 Byte
1 Megabyte (MB) = 1000 Kilobyte = 1 000 000 Byte = 10^6 Byte
1 Gigabyte (GB) = 1000 Megabyte = 1 000 000 Kilobyte = 1 000 000 000 Byte = 10^9 Byte
1 Terabyte (TB) = 1000 Gigabyte = 1 000 000 Megabyte = 1 000 000 000 Kilobyte = 1 000 000 000 000 Byte = 10^{12} Byte

14 *kleine Maßeinheiten mit Einheitenvorsätzen in Dezimalschreibweise angeben*
a) 0,009 g **b)** 0,000 013g **c)** 0,000 000 004 g **d)** 0,000 000 001 1 g

15 *Größen in gegebene Einheit umrechnen und in wissenschaftlicher Notation schreiben*
a) $4 \cdot 10^{13}$ Byte **b)** $3{,}8 \cdot 10^{-8}$ g **c)** $5{,}02 \cdot 10^{11}$ m **d)** $5 \cdot 10^{-7}$ m

16 *Zahlen einem Text entnehmen und in wissenschaftlicher Notation schreiben*

1. „Sunway Taihu Light" (China)	93 Petaflops = $93 \cdot 10^{15}$ Flops = $9{,}3 \cdot 10^{16}$ Flops
3. „Titan" (USA)	17,59 Petaflops = $17{,}59 \cdot 10^{15}$ Flops = $1{,}759 \cdot 10^{16}$ Flops
9. „Hazel Hen" (Deutschland)	5,64 Petaflops = $5{,}64 \cdot 10^{15}$ Flops

Thema: Mikrokosmos und Makrokosmos

Seite 16

1 *Umrechnen von großen und kleinen Angaben mit Zehnerpotenzen in andere Längeneinheiten*
individuelle Ergebnisse, z. B.:

Länge eines Sportschwimmbeckens:	$5 \cdot 10^1$ m = $5 \cdot 10^{-2}$ km = $5 \cdot 10^4$ mm
Größe eines erwachsenen Menschen:	$1{,}8 \cdot 10^0$ m = $1{,}8 \cdot 10^{-3}$ km = $1{,}8 \cdot 10^3$ mm
Höhe des Eiffelturms:	$3{,}24 \cdot 10^2$ m = $3{,}24 \cdot 10^{-1}$ km = $3{,}24 \cdot 10^5$ mm
Angaben der Tabelle:	
Durchmesser der Milchstraße:	10^{21} m = 10^{18} km = 10^{24} mm
Entfernung zwischen Sonne und Mars:	$2{,}27 \cdot 10^{11}$ m = $2{,}27 \cdot 10^8$ km = $2{,}27 \cdot 10^{14}$ mm
Sonnendurchmesser:	$1{,}4 \cdot 10^9$ m = $1{,}4 \cdot 10^6$ km = $1{,}4 \cdot 10^{12}$ mm
Erddurchmesser:	$1{,}3 \cdot 10^7$ m = $1{,}3 \cdot 10^4$ km = $1{,}3 \cdot 10^{10}$ mm
Durchmesser eines Regentropfens:	10^{-3} m = 10^{-6} km = 10^0 mm
Wellenlänge des sichtbaren Lichts:	$4 \cdot 10^{-7}$ m = $4 \cdot 10^{-10}$ km = $4 \cdot 10^{-4}$ mm bis $8 \cdot 10^{-7}$ m = $8 \cdot 10^{-10}$ km = $8 \cdot 10^{-4}$ mm
Atomradius:	10^{-10} m = 10^{-13} km = 10^{-7} mm

2 *Umrechnung von in Zehnerpotenz gegebener Geschwindigkeit*
$300\,000 \frac{\text{km}}{\text{s}}$

3 *Darstellung von großer Längeneinheit in wissenschaftlicher Schreibweise*
gerundeter Wert; $1{,}496 \cdot 10^{11}$ m

4 *maßstäbliche Größenänderung bestimmen*
Die Durchmesser in der wissenschaftlichen Schreibweise sind gerundet:
Erde $1{,}3 \cdot 10^7$ m; Merkur $4{,}9 \cdot 10^6$ m; Jupiter $1{,}4 \cdot 10^8$ m; Sonne $1{,}4 \cdot 10^9$ m
Wenn der Durchmesser der Erde mit 50 cm dargestellt wird, dann sind die anderen Durchmesser:
Merkur ca. 19 cm; Jupiter ca. 5,4 m; Sonne ca. 54 m.
Dies kann mit dem Dreisatz oder der Verhältnisgleichung bestimmt werden.

Seite 17

5 *mit sehr großen Maßzahlen rechnen*
Das Licht legt in einer Sekunde 299 792,458 km zurück. In dieser Zeit umkreist es etwa 7,5-mal die Erde.
weitere Angaben individuell verschieden

6 *mit sehr kleinen Einheiten rechnen*
0,1 mm = 0,0001 m; 0,15 µm = 0,000 000 15 m; 50 µm = 0,000 05 m; 5 µm = 0,000 005 m
Somit müssen sich ca. 667 kugelförmige Bakterien und 2 (wenn man mit der Länge rechnet) bis 20 (wenn man mit der Breite rechnet) stäbchenförmige Bakterien hintereinanderlegen, damit man sie sehen kann.

7 *Rechercheübung zu kleinen Einheiten und ihrer Umrechnung anhand von Virengrößen*
Bakterien: 0,5 µm – 20 µm, also 0,0005 mm – 0,02 mm
Viren: 20 nm – 300 nm, also 0,000 02 mm – 0,0003 mm weitere Rechercheergebnisse individuell verschieden

Thema: Aufbau des Zahlensystems

Seite 18

1 *rationale und irrationale Zahlen unterscheiden; begründen*
a) rational, weil periodisch hinter dem Komma $\left(=\frac{1}{3}\right)$
b) irrational, weil unendlich viele Stellen hinter dem Komma sind, die keiner Regel folgen
c) rational, weil periodisch hinter dem Komma $\left(=\frac{21}{37}\right)$
d) irrational, weil unendlich viele Stellen hinter dem Komma sind, die keiner Regel folgen
e) rational, weil sich nach dem Komma 971 periodisch wiederholt $\left(=\frac{4\,558\,409}{999\,000}\right)$
f) irrational, weil unendlich viele Stellen hinter dem Komma sind, die keiner Regel folgen

2 *rationale und irrationale Zahlen finden und mit Taschenrechner prüfen*
rational: $\sqrt{\frac{1}{16}} = \frac{1}{4}$; $\sqrt{4} = 2$; $\sqrt[3]{\frac{1}{1000}} = \frac{1}{10}$; $\sqrt{144} = 12$; $\sqrt{0{,}09} = 0{,}3$; $\sqrt[4]{331\,776} = 24$; $\sqrt{6{,}25} = 2{,}5$
irrational: $\sqrt{3}$; $\sqrt[3]{5}$; $\sqrt{5{,}5}$; $\sqrt{0{,}064}$; $\sqrt[6]{1{,}1}$

3 *reelle Zahlen der Größe nach ordnen*
a) $0{,}3 < \sqrt{0{,}1024} < 0{,}333\,33 < \frac{1}{3} < \sqrt{\frac{1}{3}} < \sqrt{\frac{14}{29}} < \sqrt{\frac{9}{17}}$ **b)** $\sqrt{\frac{3}{25}} < 0{,}6 = \frac{9}{15} < \sqrt{0{,}428} < 0{,}666\,666 < \frac{2}{3} < \sqrt{\frac{9}{15}}$

Seite 19

4 *Zahlenbeispiele für die Zahlenbereiche bis zu den reellen Zahlen angeben*
individuell verschieden
Es könnte sogar nur die Angabe von natürlichen Zahlen ausreichen!

5 *Aussagen zu den Zahlenbereichen passend ergänzen*
a) immer **b)** manchmal **c)** immer **d)** immer **e)** manchmal

6 *Aussagen zu Beziehungen zwischen den Zahlbereichen aufstellen und prüfen*
entsprechende Erläuterungen zur Übersicht

7 *Aussagen zu Zahlen innerhalb von bestimmten Zahlbereichen prüfen*
a) wahr **b)** falsch (z. B. $2 > -1$) **c)** wahr **d)** wahr

8 *Aussagen zur Durchführung der Rechnungen innerhalb von Zahlbereichen aufstellen*
individuell verschieden

9 *Aussagen zur Durchführung der Rechenoperationen in Zahlbereichen prüfen*
a) $+, \cdot$ **b)** $+, \cdot, :$ (wenn Divisor $\neq 0$) **c)** $+, -, \cdot$ **d)** $+, -, \cdot, :$ (wenn Divisor $\neq 0$)

Methode: Direkte und indirekte Beweise

Seite 20

1 *Teile eines direkten Beweises in die richtige Reihenfolge bringen*
Behauptung: Das Produkt einer geraden und einer ungeraden Zahl ist gerade.
Die gerade Zahl lässt sich schreiben als $a = 2n$.
Die ungerade Zahl lässt sich schreiben als $b = 2m + 1$.
$a \cdot b = 2n \cdot (2m + 1) = 4nm + 2n$
$4nm$ ist gerade. $2n$ ist gerade.
Die Summe zweier gerader Zahlen ist gerade.

2 *einen direkten Beweis führen: das Quadrat einer geraden Zahl ist gerade*
a sei gerade und n eine natürliche Zahl.
Dann gilt: $a = 2n$, somit $a^2 = (2n)^2$, also $a^2 = 4n^2$.
Das ist wegen des Faktors 4 eine gerade Zahl.

3 *einen direkten Beweis führen: das Produkt aus ungerader und ungerader Zahl ist ungerade*
a und b seien ungerade, n und m seien natürliche Zahlen.
Dann gilt: $a = 2n + 1$ und $b = 2m + 1$, somit $a \cdot b = (2n + 1) \cdot (2m + 1) = 4nm + 2n + 2m + 1$.
Die ersten drei Summanden sind jeweils gerade und somit auch ihre Summe. Es wird also zu einer geraden Zahl noch eins addiert. Das ergibt eine ungerade Zahl.

4 *einen direkten Beweis zur Teilbarkeit durch 6 und 2 führen*
a sei durch 6 teilbar und n eine natürliche Zahl.
Dann gilt: $a = 6n$, somit $a = 2 \cdot 3n$.
Das ist wegen des Faktors 2 eine gerade Zahl.

5 *einen direkten Beweis zur Teilbarkeit führen*
a und b seien durch c teilbar, n und m seien natürliche Zahlen.
Dann gilt: $a = cn$ und $b = cm$ sowie $a + b = cn + cm = c \cdot (n + m) = cx$ (mit $x = n + m$).
Also ist wegen $a + b = cx$ die Summe $a + b$ auch durch c teilbar.

Seite 21

6 *Erklärungen in einem indirekten Beweis ergänzen*
zu 5) denn die Wurzel aus einer geraden Zahl ist gerade
zu 6) denn eine gerade Zahl lässt sich schreiben als Produkt aus 2 und einer weiteren Zahl
zu 7) quadrieren
zu 8) einsetzen von 3) $p^2 = 2q^2$
zu 9) Division durch 2
zu 10) da Zweifaches von n^2
zu 11) denn die Wurzel aus einer geraden Zahl ist gerade
zu 12) denn eine gerade Zahl lässt sich schreiben als Produkt aus 2 und einer weiteren Zahl, hier m

7 *Teile eines indirekten Beweises in die richtige Reihenfolge bringen*
Annahme: Es gibt außer 2 noch eine gerade Primzahl.
Dann muss diese Zahl größer als 2 sei.
Jede gerade Zahl ist durch 2 teilbar.
Da diese Zahl außerdem gerade ist, ist sie durch 2 teilbar.
Die Zahl hat außer 1 und sich selbst noch einen dritten Teiler, nämlich 2.
Damit ist diese Zahl keine Primzahl.
Das steht im Widerspruch zur Annahme.
Deswegen ist die Annahme falsch.
Es gibt also außer 2 keine weitere gerade Primzahl.
Der Satz wurde bewiesen.

8 *eine Geschichte zu einem indirekten Beweis erfinden*
individuelle Ergebnisse

Seite 21

9 *einen indirekten Beweis führen*

Behauptung: $\sqrt{8}$ ist irrational.
Annahme: $\sqrt{8}$ ist rational (Das Gegenteil wird angenommen.)
Beweisführung: $\sqrt{8} = \frac{p}{q}$ (Dann kann man $\sqrt{8}$ als echten Bruch schreiben mit p und q (p und q teilerfremd).)

$8 = \frac{p^2}{q^2}$

$8q^2 = p^2$

p^2 ist gerade (wegen des Faktors 8 eine gerade Zahl)

p gerade (Wurzel aus einer geraden Zahl ist gerade.)

$p = 2n$ (n ist eine natürliche Zahl)

$p^2 = (2n)^2 = 4n^2$

$4n^2 = 8q^2$ (da $p^2 = 8q^2$); Division durch 4

$n^2 = 2q^2$ (Also ist n^2 gerade, also ist auch n gerade.)

$n = 2m$ (m ist eine natürliche Zahl)

$n^2 = (2m)^2 = 4m^2$

$4m^2 = 2q^2$ (da $n^2 = 2q^2$)

$2m^2 = q^2$ (Also ist q^2 gerade, also ist auch q gerade.)

$q = 2k$ (k ist eine natürliche Zahl)

$\frac{p}{q} = \frac{2n}{2k}$ ist nicht vollständig gekürzt (da p und q durch 2 teilbar)

Widerspruch zur Annahme

Der Beweis funktioniert nicht für Wurzel aus 4, denn an der Stelle, wo jetzt $4n^2 = 8q^2$ steht, stände dann $4n^2 = 4q^2$. Nach Kürzen mit 4 ergäbe sich $n^2 = q^2$, damit kann jedoch keine Aussage gemacht werden, ob n gerade oder ungerade ist.

Vermischte Übungen

Seite 22

1 *zweimalige maßstäbliche Vergrößerung berechnen*

a) 400-fache Vergrößerung **b)** 12 cm bis 28 cm

2 *Quadratwurzeln im Kopf berechnen*

a) 7 **b)** 9 **c)** 10 **d)** 11 **e)** 6 **f)** 12 **g)** 15 **h)** 20 **i)** 13 **j)** 190 **k)** 180 **l)** 160
m) 1,5 **n)** 2,5 **o)** 0,2 **p)** $\frac{1}{2}$ **q)** $\frac{3}{8}$ **r)** $\frac{2}{9}$

3 *Würfelvolumen berechnen*

a) 343 cm³ **b)** 0,512 m³ **c)** ≈28,37 m³ **d)** 0,000 000 064 km³ = 64 m³

4 *Kantenlängen von Würfeln berechnen*

a) ① 5 m; ② 14 cm; ③ 7,4 cm; ④ 12 mm; ⑤ 0,25 m; ⑥ 0,8 km; ⑦ 0,01 km; ⑧ 1,2 m
b) Zeichenübung (Schrägbild Würfel); sinnvoll im Maßstab 1:100, denn dann Kantenlänge $a = 5$ cm

5 *n-te Potenzen und umgekehrt n-te Wurzeln berechnen; Angaben ergänzen*

$3^4 = 81$	$\sqrt[4]{81} = 3$
$4^3 = 64$	$\sqrt[3]{64} = 4$
$\mathbf{2^5 = 32}$	$\sqrt[5]{32} = 2$
$8^4 = \mathbf{4096}$	$\sqrt[4]{4096} = 8$
$\mathbf{7^7 = 823\,543}$	$\sqrt[7]{823\,543} = \mathbf{7}$
$\mathbf{2^{10} = 1024}$	$\sqrt[10]{1024} = 2$
$17^5 = \mathbf{1\,419\,857}$	$\sqrt[5]{1\,419\,857} = 17$

6 *Zahlen zwischen Zahlentermen mit Wurzeln und Potenzen finden*

Zahlen individuell; z. B. beide Zahlenterme in den Taschenrechner eingeben und eine Zahl dazwischen finden
a) z. B. 1,75 **b)** z. B. 1,91 **c)** z. B. 1,35 **d)** z. B. 0,45

7 *mit gerundeten Werten für Wurzeln rechnen*

a) 9,61 **b)** 18,15 **c)** 8,32 **d)** 16,63 **e)** 3,65 **f)** 8,80

8 *Berechnungen beim mehrfachen Verdoppeln von Größen anstellen*

a) Nach 13 Runden tanzen 8192 (= 2^{13}) Gäste, in der 14. Runde alle, wobei knapp die Hälfte beim gleichen Partner bleibt.
b) 21 min (= 14 · 1,5 min)
c) Individuelle Gründe, z. B. tanzt eventuell nicht jeder Gast, weil er entweder nicht tanzen kann oder mag, oder weil er durch eine Verletzung oder Behinderung dazu nicht in der Lage ist. Manche Menschen tanzen auch grundsätzlich nur mit dem eigenen Ehe- oder Lebenspartner und holen so keine weiteren Gäste aufs Parkett.

Seite 23

9 *Berechnungen beim mehrfachen Verdoppeln von Größen (Reiskörner-Aufgabe) anstellen*

a) $2^{63} \approx 9{,}223 \cdot 10^{18}$, also etwa 9 Trillionen

b) $\approx 2{,}305843 \cdot 10^{17}$ g $= 2{,}305843 \cdot 10^{14}$ kg $= 2{,}305843 \cdot 10^{11}$ t $= 230\,584\,300\,000$ t

c) Masse der Reiskörner auf dem Spielbrett: $\approx 2 \cdot 2{,}305843 \cdot 10^{11}$ t $= 461\,168\,600\,000$ t
Reisernte pro Jahr etwa: $478{,}1 \cdot 10^{6}$ t $= 478\,100\,000$ t
Es müssten etwa 964,6 Jahre geerntet werden.

10 *Produkte aus sehr großen bzw. kleinen Zahlen mit dem Taschenrechner berechnen*

a) $1{,}8 \cdot 10^{12}$ **b)** $1{,}68 \cdot 10^{-12}$ **c)** $3{,}66 \cdot 10^{13}$ **d)** $5{,}8938 \cdot 10^{16}$

11 *in wissenschaftlicher Notation gegebene Zahlen in Worten schreiben*

a) drei Millionen **b)** fünf Billionen **c)** eine Milliarde siebenhundertsechzig Millionen
d) eine Million fünfzigtausend **e)** fünfhundertsiebzig Milliarden **f)** neunundvierzig Billionen

12 *kleine Zehnerpotenzen bzw. Dezimalzahlen als Brüche schreiben*

a) $\frac{1}{1000}$ **b)** $\frac{1}{100\,000}$ **c)** $\frac{1}{1\,000\,000}$ **d)** $\frac{1}{10}$ **e)** $\frac{1}{100}$ **f)** $\frac{1}{10\,000}$

13 *Zahlworte in wissenschaftlicher Notation schreiben*

a) $4 \cdot 10^{12}$ **b)** $3{,}68 \cdot 10^{11}$ **c)** $4{,}6 \cdot 10^{7}$ **d)** $5{,}8 \cdot 10^{21}$ **e)** $3{,}5782 \cdot 10^{-8}$ **f)** $3{,}45 \cdot 10^{-3}$
g) $9{,}7834 \cdot 10^{12}$ **h)** $7{,}065 \cdot 10^{9}$

14 *Kantenlänge für geändertes Würfelvolumen bestimmen*

a) Das Volumen des roten Würfels beträgt $\frac{1}{8}$ des Volumens des blauen, also ist der rote Würfel kleiner als der blaue.

b) $V_{\text{rot}} = (3\text{ cm})^3 = 27\text{ cm}^3$; $V_{\text{blau}} = a_{\text{blau}}^3$; $V_{\text{rot}} = \frac{1}{8} V_{\text{blau}}$; $27\text{ cm}^3 = \frac{1}{8} a_{\text{blau}}^3$; $a_{\text{blau}}^3 = 216\text{ cm}^3$; $a_{\text{blau}} = 6\text{ cm}$
Der blaue Würfel hat eine Kantenlänge von 6 cm.

15 *Fließgeschwindigkeit eines Gletschers berechnen*

$100\text{ m} : (6{,}4 \cdot 10^{-6}\,\frac{\text{m}}{\text{s}}) = 15\,625\,000\text{ s} \approx 4340{,}28\text{ h} \approx 180{,}84\text{ d}$ Der Gletscher benötigt etwa 181 Tage.

16 *diverse Berechnungen an roten Blutkörperchen anstellen*

a) Durchmesser: 0,0075 mm; Dicke: 0,002 mm (Rand); 0,001 mm (Zentrum)

b)

Konzentration im Blut:	$4{,}5 \cdot 10^{6}$ bis $5{,}5 \cdot 10^{6}$ pro mm³
Anzahl im Blut:	$2{,}4 \cdot 10^{13}$ bis $3 \cdot 10^{13}$
Neuproduktion des Körpers:	etwa $2 \cdot 10^{11}$ pro Tag
Gesamtoberfläche:	$4 \cdot 10^{3}$ bis $4{,}5 \cdot 10^{3}$ m²

c) Das kommt auf das Feld an. Es misst maximal 120 m × 90 m (dann geht es nicht) und minimal 90 m × 45 m (= 4050 m², dann passt es).

d) ≈2 314 815 pro Sekunde

e) ca. 0,67 % bis 0,83 %

f) Durchmesser in der Abbildung: etwa 5 mm; $5 : 0{,}0075 \approx 666{,}7$
Das Foto wurde etwa mit dem Faktor 667 vergrößert aufgenommen.

Seite 24

Stammbäume

a) 8 Kinder

b) Im Durchschnitt hat dann jede Person 3 Kinder bekommen

c) Das Paar (1. Generation) hat 3 Kinder (2. Generation), 9 Enkel (3. Generation) und 27 Urenkel (4. Generation).
Es werden zusammen 39 Geschenke benötigt.

d) 16 Kinder in der 3. Generation bedeutet 4 Kinder pro Paar. Dann sind es in der 6. Generation 1024 Kinder ($= 4^5$).

e) Nicht, wenn alle Paare die gleiche Anzahl von Kindern bekommen haben, denn 20 ist keine Kubikzahl.

f) Zeichen- und Rechercheübung mit individuellen Ergebnissen

g) 2 Kinder, je 10 000 €; macht zusammen 20 000 €; 4 Enkel, je 5000 €; macht zusammen 20 000 €;
8 Urenkel, je 2500 €; macht zusammen 20 000 €;
50 000 € reichen für diese Verteilung des Vermögens nicht aus, denn dazu braucht man 60 000 €.
Neue Berechnung: Terme für Geldbeträge: für jeden Urenkel: x; für jeden Enkel: $2x$; für jedes Kind: $4x$
$8 \cdot x + 4 \cdot 2x + 2 \cdot 4x = 50\,000$ €; $24x = 50\,000$ €; $x \approx 2083{,}33$ €
Geldbeträge: Urenkel: 2083,33 €; Enkel: 4166,67 €; Kind: 8333,33 €
Die Kinder müssten je 8333,33 € bekommen.

Lineare Gleichungssysteme rechnerisch lösen

Noch fit?

Seite 28

1 *Termwerte für zwei Variablen berechnen*
a) -16 **b)** 12,3 **c)** 9,3 **d)** 9,3

2 *Gleichungen mit einer Variablen lösen*
a) $x = 3$ **b)** $x = 1$ **c)** $x = 3$ **d)** $x = 2$ **e)** $x = -20$ **f)** $x = 4$

3 *Lösungen das Lineare Gleichungssystem zuordnen*
① $x = 1; y = -5$ ② $x = 1; y = 5$ ③ $x = -1; y = 5$

4 *Geraden in Koordinatensystem eintragen und Schnittpunkt bestimmen*
Zeichenübung im Koordinatensystem; Schnittpunkte sind:
a) $S(1\,|\,5)$ **b)** $S(2\,|\,3)$ **c)** $S(2\,|\,2)$

5 *Lineare Gleichungssysteme grafisch lösen*
a) ① I und ② II
b) Lösung: $x = 2; y = 1$; Dies sind die Koordinaten des Schnittpunkts der beiden Graphen.
Probe: I $1 = -2 + 3$ und II $1 = -\frac{1}{2} \cdot 2 + 2$

6 *Anwendungsaufgabe: Lineare Gleichungssystem durch Probieren lösen*
a) Er hat 12 Plastikflaschen und 8 Glasflaschen gekauft: $12 \cdot 0{,}25\,€ + 8 \cdot 0{,}08\,€ = 3{,}64\,€$.
b) x: Anzahl Plastikflaschen; y: Anzahl Glasflasche;
I $x + y = 20$ II $0{,}25\,x + 0{,}08\,y = 3{,}64$ (in €) oder II $25\,x + 8\,y = 364$ (in ct)

Bunt gemischt

1. ...es hat ein Paar paralleler Seiten. (Es hat sogar zwei Paare paralleler Seiten.)
2. 18760 € (rechnerische Lösung: 18761,90 €)
3. ungefähr $\frac{2}{7}$, also 28,6 %. Dabei geht man davon aus, dass die Wahrscheinlichkeit für jeden Wochentag gleich groß ist.
Sieben Tage hat die Woche und zwei beginnen mit M.
4. Dies ist eine Schätzfrage. z. B. In meine Schule gehen etwa 500 Schüler, die ein Smartphone haben.
Eines ist im Durchschnitt 15 cm lang.
Daher wäre die Länge aller Smartphones hintereinandergelegt gleich 500 ·15 cm = 7500 cm = 75 m.

Gleichsetzungsverfahren und Einsetzungsverfahren

Erforschen und Entdecken

Seite 29

1 *Verfahren zur Lösung eines Zahlenrätsels (Gleichungssystems) nachvollziehen und vergleichen*
a) Auf dem Bauernhof sind 6 Kühe und 3 Hühner.
b) **Marietta** findet die Lösung durch systematisches Probieren mit Hilfe einer Tabelle.
Schließlich notiert sie die allgemeinen Gleichungen für die Sachsituation.
Özlem geht von den allgemeinen Gleichungen aus und setzt die erste Gleichung in die zweite Gleichung ein, das heißt sie ersetzt dort y gegen $2x$. Sie erhält nun eine Gleichung, die nur die Variable x enthält und kann damit x berechnen ($x = 3$). Schließlich ersetzt sie in der ersten Gleichung x durch die Zahl 3 und kann y berechnen ($y = 6$).
Hannes geht ebenfalls von den allgemeinen Gleichungen aus. Er stellt auch die zweite Gleichung nach y um und setzt die beiden rechten Seiten gleich. So erhält er eine Gleichung, die nur x als Variable enthält, und kann damit x berechnen. Durch Einsetzen des Ergebnisses für x in eine der beiden Ursprungsgleichungen (am einfachsten in Gleichung I) kann er y berechnen.
c), d) individuell verschieden
e) individuelle Zeichnung der Geraden zu den Gleichungen; Der Schnittpunkt ist dabei die Lösung.

2 *Anwendungsaufgabe Zelteinteilung: Lösungswege finden, vergleichen und präsentieren*
Argumentations- und Präsentationsauftrag; Lösung z. B. über systematisches Probieren, grafisch, Gleichsetzungsverfahren mit z. B. $x = 13 - y$ und $x = 15 - \frac{3}{2}y$,
Einsetzungsverfahren ...
I $x + y = 13$; II $2x + 3y = 30$; $x = 9$ und $y = 4$
Es gab 9 Zwei-Mann-Zelte und 4 Drei-Mann-Zelte.

Basisaufgaben

Seite 31

1 *Gleichsetzungsverfahren anwenden*

a) $x = 1$ und $y = 2$ **b)** $x = 2$ und $y = 1$ **c)** $x = 3$ und $y = 0$
d) $x = 2$ und $y = 5$ **e)** $x = -1$ und $y = -2$ **f)** $x = -2$ und $y = -1$
g) $x = 1$ und $y = 2$ **h)** $x = -3$ und $y = 2$

2 *Lösung mit dem Gleichsetzungsverfahren ergänzen; dazu eine der Gleichungen umformen*

2. ... $3y = 6$ $|:3$; $y = 2$
3. Der Zahlenwert für y wird in eine der Gleichungen eingesetzt, um x zu berechnen. $x + 2 = 1$; $x = -1$
4. Das Gleichungssystem hat die Lösung $x = -1$ und $y = 2$.
5. Probe: I $-1 = 2 \cdot 2 - 5$; II $-1 + 2 = 1$ Beide Gleichungen sind wahre Aussagen.

3 *Gleichsetzungsverfahren anwenden; zuvor Gleichungen umformen*

a) $5x + 16 = 3x + 12$ $|-3x$; $2x + 16 = 12$ $|-16$; $2x = -4$; $x = -2$ und $y = 6$
b) $x + 10 = -x - 50$ $|+x$; $2x + 10 = -50$ $|-10$; $2x = -60$; $x = -30$ und $y = -20$
c) $-y = 2y - 9$ $|+y$; $0 = 3y - 9$ $|+9$; $3y = 9$ $|:3$; $y = 3$ und $x = -3$
d) $-4x - 3 = -3x - 2$ $|+4x$; $-3 = x - 2$ $|+2$; $x = -1$ und $y = 1$
e) $5y - 12 = -3y + 8$ $|+3y$; $8y - 12 = 8$ $|+12$; $8y = 20$; $y = 2{,}5$ und $x = 0{,}5$
f) $5x - 12 = -5x + 8$ $|+5x$; $10x - 12 = 8$ $|+12$; $10x = 20$; $x = 2$ und $y = -2$
g) $2x - 6 = -4x + 6$ $|+4x$; $6x - 6 = 6$ $|+6$; $6x = 12$; $x = 2$ und $y = -2$
h) $3y - 2 = 3y - 2$ stimmt immer, deshalb unendlich viele Lösungen

4 *Lösungen von Gleichungssystemen durch eine Probe prüfen*

a) ja **b)** nein **c)** ja **d)** nein **e)** nein

5 *Lösung mit dem Einsetzungsverfahren ergänzen*

$2x = 6$ $|:2$
$x = 3$

3. $2 \cdot 3 + y = 8$; $y = 2$
4. I $2 \cdot 3 + 2 = 8$; II $6 \cdot 3 + 2 \cdot 2 = 22$ sind beides wahre Aussagen.

6 *Einsetzungsverfahren anwenden; Gleichungen entsprechend umformen*

Einsetzungen können verschieden vorgenommen werden.

a) $x = 7$ und $y = 6$ **b)** $x = 5$ und $y = 2$ **c)** $x = 9$ und $y = 6$ **d)** $x = 7$ und $y = 5$ **e)** $x = 2$ und $y = 8$

7 *Fehler bei der Anwendung des Einsetzungsverfahrens finden und korrigieren*

2. $5x + \mathbf{2} \cdot (25 - 2x) = 61$
3. $5x + \mathbf{50} - \mathbf{4}x = 61$
$\mathbf{x} + \mathbf{50} = 61$ $|\mathbf{-50}$
$x = \mathbf{11}$
4. $2 \cdot \mathbf{11} + y = 25$
$\mathbf{22} + y = 25$ $|\mathbf{-22}$
$y = \mathbf{3}$

8 *Anwendungsaufgabe Eintrittspreise: angeleitet mit dem Gleichsetzungsverfahren lösen*

x: Eintrittspreis für Erwachsene; y: Eintrittspreis für Kinder
I $2x + 2y = 44$; II $x + 3y = 37$
I $x = -y + 22$; II $x = -3y + 37$; $-y + 22 = -3y + 37$; $2y = 15$; $y = 7{,}5$ und $x = 14{,}5$
Erwachsene bezahlen 14,50 € Eintritt, Kinder 7,50 €
Probe: I $2 \cdot 14{,}5 + 2 \cdot 7{,}5 = 44$; II $14{,}5 + 3 \cdot 7{,}5 = 37$ sind beides wahre Aussagen.

Seite 32

9 *Anwendungsaufgabe Anzahl von Insekten: Gleichungen aufstellen und lösen*

I $x + y = 12$; II $6x + 8y = 82$; $x = 7$ und $y = 5$
Lösung mit Hilfe des Einsetzungs- oder des Gleichsetzungsverfahrens
In dem Glas sind 7 Maikäfer und 5 Spinnen.

10 *Anwendungsaufgabe Blumenpreise: Gleichungen aufstellen und lösen*

x: Preis einer Rose; y: Preis einer Nelke
I $3x + y = 7$; II $9x + 2y = 20$; $x = 2$ und $y = 1$
Eine Rose kostet 2 €, eine Nelke 1 €.

Seite 32

11 *Anwendungsaufgabe Kleidungspreise: Gleichungen aufstellen und lösen*
x: Preis für eine Shorts; y: Preis für ein T-Shirt
I $3x + y = 27$; II $2x + 2y = 38$; $x = 4$ und $y = 15$
Eine Shorts kosten 4 €, ein T-Shirt kostet 15 €.

12 *Anwendungsaufgabe Getränkepreise: Gleichungen aufstellen und lösen*
x: Preis für eine Flasche Mineralwasser; y: Preis für eine Flasche Saft
I $12x + y = 20$; II $10x + 5y = 25$; $x = 1{,}5$ und $y = 2$
Mineralwasser kostet 1,50 € pro Flasche, Saft 2 €.

Weiterführende Aufgaben

13 *Anwendungsaufgabe Anzahl von Insekten: Gleichungen aufstellen und lösen*
x: Anzahl der Spinnen; y: Anzahl der Käfer
I $5x = y$; II $8x + 6y = 342$; $x = 9$ und $y = 45$
Es halten sich 9 Spinnen und 45 Fliegen im Bad auf.

14 *Anwendungsaufgabe Kinopreise: Gleichungen aufstellen und lösen*
x: Eintrittspreis für Lehrkräfte; y: Eintrittspreis für Schüler
I $x + 25y = 133$; II $2x + 26y = 146$ (sinnvoll, x zu isolieren)
I $x = -25y + 133$; II $x = -13y + 73$; $y = 5$ und $x = 8$
Schüler bezahlen 5 €, Lehrer 8 €.

15 *Anwendungsaufgabe Fahrpreise: Gleichungen aufstellen und lösen*
x: Fahrpreis für Erwachsene; y: Fahrpreis für Kinder
I $x + 2y = 4{,}8$; II $2x + 2y = 6{,}6$ (hier x isoliert)
I $x = -2y + 4{,}8$; II $x = -y + 3{,}3$; $y = 1{,}5$; $x = 1{,}8$
Erwachsene zahlen jeweils 1,80 €, Kinder jeweils 1,50 €.

16 *Anwendungsaufgabe Eispreise: Gleichungen aufstellen und lösen*
x: Preis für eine Eiskugel; y: Preis für eine Portion Sahne
I $3x + y = 4{,}1$; II $2x + 2y = 3{,}8$; $x = 1{,}1$ und $y = 0{,}8$
Eine Kugel Eis kostet 1,10 €, eine Portion Sahne 80 ct.

17 *Anwendungsaufgabe Grundgehalt und Umsatz bestimmen*
x: Grundgehalt; y: Umsatz
I $x + 0{,}04y = 20$; II $2x + 0{,}02y = 25$; $x = 10$ und $y = 250$
Der Umsatz betrug 250 €. Das Grundgehalt beträgt 10 €.

18 *Anwendungsaufgabe Eintrittspreise: Gleichungen aufstellen und lösen*
x: Geld in Enes' Sparschwein; y: Geld in Maikes Sparschwein
I $x + 5 = y - 5$; II $y + 5 = 3(x - 5)$; $x = 15$ und $y = 25$
Enes hat 15 €, Maike hat 25 €.

19 *lineare Gleichungssysteme lösen; Wahl des Verfahrens begründen*
a) $x = 5$ und $y = 9$ Einsetzungsverfahren, weil in I schon y allein steht
oder: Gleichsetzungsverfahren, wenn man überall nach y umstellt
b) $s = 7$ und $t = 5$ Einsetzungsverfahren, weil in I schon t allein steht
c) $a = 6$ und $b = 5$ Einsetzungsverfahren, weil in I schon a allein steht
d) $c = 7$ und $d = 3$ Einsetzungsverfahren, weil in II schon d allein steht
oder: Gleichsetzungsverfahren, wenn man I durch 5 dividiert und nach d umstellt

20 *lineare Gleichungssysteme mit Hilfe des Verfahrens der eigenen Wahl lösen*
a) $a = 1{,}5$ und $b = 6$ **b)** $x = 24$ und $y = 5$
c) unendlich viele Lösungen **d)** $x = -2$ und $y = 1{,}6$

Lineare Gleichungssysteme mit dem Additionsverfahren lösen

Erforschen und Entdecken

Seite 33

1 *Additionsverfahren mit Hilfe des Waagemodells veranschaulichen*

a) Gesucht ist die Summe der Massen auf den ersten beiden Waagschalen.
Drei Hasen und drei Meerschweinchen wiegen 5,4 kg.

b) erstes Bild oben: 1 Hase und 2 Meerschweinchen wiegen 2,1 kg.
Bild neben der Aufgabe: 1 Hase und 1 Meerschweinchen wiegen 1,8 kg.
Subtrahiert man vom ersten Bild auf beiden Seiten das, was auf dem zweiten Bild zu sehen ist, so ergibt sich:
1 Meerschweinchen wiegt 0,3 kg.
Mit Hilfe des Bilds neben der Aufgabe findet man, dass ein Hase 1,5 kg wiegt.
Alternativ könnte man auch das mittlere Bild von oben nutzen und von dort die Angaben des Bilds neben der Aufgabe subtrahieren.

c) $h + 2m = 2{,}1$; $2h + m = 3{,}3$; $3h + 3m = 5{,}4$; $h + m = 1{,}8$
Durch Addition bzw. Subtraktion der jeweils linken bzw. rechten Terme der Gleichung können die verschiedenen Massen ermittelt werden.

2 *Additionsverfahren schrittweise nachvollziehen und anwenden*

a) Einsetzungsverfahren: umformen von I $y = -2x + 10$; Einsetzen in II ergibt
$5x - (-2x + 10) = 11$, also $7x - 10 = 11$; $x = 3$ und nach Einsetzen in I ist $y = 4$

b) individuell verschiedene Erklärungen; z. B.:
Beide Terme der Gleichungen werden jeweils addiert. Dadurch entsteht eine Gleichung mit einer Variablen, die gelöst werden kann.

c) Da hier sofort eine Variable entfällt, führt dieses Verfahren schneller zur Lösung. Es muss nicht noch umgeformt werden.

d) I + II: $6x = 12$; $x = 2$ und $y = \frac{5}{3}$
Die y-Vielfachen fallen weg, sodass nur noch x in der Gleichung vorkommt.

e) Terme von Gleichungen werden addiert:
Gemeinsam ist, dass durch das Verfahren eine Variable entfällt und die verbleibende Gleichung mit einer Variablen gelöst werden kann. Die Art der Vorgehensweise (gleichsetzen, einsetzen, addieren) ist unterschiedlich.

f) I − II $3x = 6$; $x = 2$; $y = 4$

3 *Gleichungssystemen mit unendlich vielen Lösungen und ohne Lösung kennenlernen*

a) Beim ersten Gleichungssystem kommt eine „Allaussage" zustande: Die beiden Gleichungen sind identisch (dividiere z. B. II durch 2), deshalb stimmt ihre Aussage immer. Jedes Zahlenpaar, für das $y = -3x + 7$ gilt, ist Lösung.
Beim zweiten Gleichungssystem kommt es zu einer „Falschaussage" (z. B. durch Gleichsetzen), nämlich $2 = 1$. Es kann keine Lösung geben.

b) Zeichenübung im Koordinatensystem; Beim ersten Gleichungssystem sind die Graphen identisch, es liegen also unendlich viele Punkte (Lösungen) auf beiden Geraden. Beim zweiten Gleichungssystem sind die Geraden parallel zueinander, sie schneiden sich also nicht und es gibt demzufolge keine Lösung.

Basisaufgaben

Seite 35

1 *Schritte des Additionsverfahrens an einem Beispiel erläutern*

a) Die Terme beider Gleichungen werden jeweils addiert. Dadurch fällt $4y$ weg. Aus der entstehenden Gleichung $7x = 21$ ergibt sich $x = 3$. Durch Einsetzen von $x = 3$ in eine Ausgangsgleichung wird $y = 2$ ermittelt.

b) Dadurch, dass $4y$ wegfällt, ist dieses Verfahren günstig. In der ersten Gleichung steht $+\,4y$, in der zweiten $-\,4y$. Deshalb fällt der Term mit y beim Addieren weg.

c) I $2 \cdot 3 + 4 \cdot 2 = 14$; II $5 \cdot 3 - 4 \cdot 2 = 7$ sind wahre Aussagen.

2 *Additionsverfahren anwenden*

a) $x = 6$ und $y = 7$ **b)** $x = 2$ und $y = 5$ **c)** $x = 3$ und $y = 4$ **d)** $x = 5$ und $y = 2$
e) $x = 2$ und $y = -2$ **f)** $x = 5$ und $y = 5$ **g)** $x = 4$ und $y = -1$ **h)** $x = 8$ und $y = 1$

3 *Fehler bei der Anwendung des Additionsverfahrens finden und korrigieren*
Auch die rechten Terme der Gleichungen müssen addiert werden.
I + II $4x = 10$; $x = 2{,}5$; $y = 1{,}625$

4 *„Subtraktionsverfahren" zur Lösung eines Gleichungssystems wählen*
Es bietet sich die Subtraktion der Gleichungen an. I − II $3x = 12$; $x = 4$; $y = 3$

Seite 35

5 *Gleichungssysteme mittels Subtraktion lösen*
a) $x = 4$ und $y = 2$ **b)** $x = 5$ und $y = 3$ **c)** $x = 8$ und $y = 6$ **d)** $x = 2{,}4$ und $y = 0{,}2$ **e)** $x = 7{,}5$ und $y = 1{,}25$

6 *Altersrätsel mit Hilfe eines Gleichungssystems lösen*
x: Sarahs Alter; y: Leas Alter
I $x + y = 26$; II $x - y = 2$; $x = 14$ und $y = 12$ Sara ist 14 Jahre alt, Lea 12 Jahre.

7 *Zahlenrätsel lösen*
Es müssen nicht unbedingt Gleichungssysteme aufgestellt werden, in der Randspalte findet sich eine alternative Vorgehensweise.
a) I $x + y = 40$; II $x - y = 6$; $x = 23$ und $y = 17$
b) I $x + y = 28$; II $x - y = 2$; $x = 15$ und $y = 13$
c) I $x + y = 50$; II $x - y = 42$; $x = 46$ und $y = 4$
d) I $x + y = 128$; II $x - y = 24$; $x = 76$ und $y = 52$

8 *Gleichungssysteme aufstellen, für die sich das Additionsverfahren eignet*
individuell verschieden

9 *Additionsverfahren anwenden*
a) mit 3 **b)**

I	$5x + 6y = 37$
3·II	$9x - 6y = 33$
I+3·II	$14x = 70$
	$x = 5$ und $y = 2$

10 *Gleichungssystem geeignet umformen und mit dem Additionsverfahren lösen*
a) $x = 2$ und $y = 3$ **b)** $a = 12$ und $b = 3$ **c)** $k = 2$ und $y = 2$ **d)** $x = 0{,}2$ und $y = 3{,}8$

Nachgedacht
Es funktioniert, weil es stets um die Summe und um die Differenz der gesuchten Zahlen geht. Nach der angegebenen Strategie bedeutet das:
I $\frac{x+y}{2} = \frac{a}{2}$; II $\frac{x-y}{2} = \frac{b}{2}$; I − II $\frac{2y}{2} = \frac{a-b}{2}$; $y = \frac{a-b}{2}$.
Wenn ich die Summe halbiere, also bei a) z. B. in 20 und 20, dann habe ich bei einem Teil die Hälfte der Differenz zu viel, beim anderen die Hälfte der Differenz zu wenig.

Weiterführende Aufgaben

Seite 36

11 *Anwendungsaufgabe zu Preisen: Gleichungssystem aufstellen und lösen*
x: Preis für einen Eimer Farbe; y: Preis für eine Rolle
I $2x + 3y = 69{,}40$; II $2x + 2y = 65{,}90$; $x = 29{,}45$ und $y = 3{,}50$
Ein Farbeimer kostet 29,45 € und eine Farbrolle 3,50 €.

12 *Anwendungsaufgabe zu Preisen: Gleichungssystem aufstellen und lösen*
x: Preis für ein Brötchen; y: Preis für ein Croissant
I $4x + 3y = 3{,}70$; II $6x + 4y = 5{,}1$; $x = 0{,}25$ und $y = 0{,}90$
Ein Brötchen kostet 0,25 € und ein Croissant 0,90 €.

13 *Anwendungsaufgabe zu einem Multiple-Choice-Test: Gleichungssystem aufstellen und lösen*
x: Anzahl der Dreipunktefragen; y: Anzahl der Vierpunktefragen
I $3x + 4y = 96$; II $x + y = 30$; $x = 24$ und $y = 6$
Es gibt 24 Dreipunkte- und 6 Vierpunktefragen.

14 *verschiedene Vorgehensweisen beim Additionsverfahren vergleichen*
a)

3·I	$6x + 12y = 90$
II	$-6x - 2y = -50$
3·I+II	$10y = 40$
	$y = 4$ und $x = 7$

b)

I	$2x + 4y = 30$
2·II	$-12x - 4y = -100$
I+2·II	$-10x = -70$
	$x = 7$ und $y = 4$

c) Beide Vorgehensweisen funktionieren, weil jeweils der Koeffizient einer Variablen in einer Gleichung ein Vielfaches des Koeffizienten (derselben Variable) in der anderen Gleichung ist: −6 ist Vielfaches von 2 (für x) und 4 ist Vielfaches von −2 (für y).

Seite 36

15 *Sachaufgabe zu Rechtecken: Gleichungssystem aufstellen und lösen*
x: lange Seite des kleinen Rechtecks; y: kurze Seite des kleinen Rechtecks
I $2 \cdot 3x + 2 \cdot 2y = 6x + 4y = 48$; II $2x + 2 \cdot 6y = 2x + 12y = 48$; $y = 3$ und $x = 6$
Die kleinen Rechtecke sind 6 cm lang und 3 cm breit.

16 *Anwendungsaufgabe zu Testergebnis: Gleichungssystem aufstellen und lösen*
r: Anzahl richtiger Antworten; f: Anzahl falscher Antworten
I $r \cdot 5 + f \cdot (-3) = 5r - 3f = 0$; II $r + f = 40$; $r = 15$ und $f = 25$
15 Antworten waren richtig, 25 Antworten waren falsch.

17 *Anwendungsaufgabe zu Preisen: Gleichungssystem aufstellen und lösen*
x: Preis für eine Dose Cola; y: Preis für eine Pizza
I $10x + 4y = 20{,}5$; II $20x + 3y = 28{,}5$; $x = 1{,}05$ und $y = 2{,}5$
Eine Dose Cola kostet 1,05 €, eine Pizza 2,50 €.

18 *Anwendungsaufgabe zu Preisen: Gleichungssystem aufstellen und lösen*
a) x: Preis für ein Kaninchen; y: Preis für einen Käfig
I $x + y = 43{,}5$; II $y = 2x$; $x = 14{,}5$ und $y = 29$
Das Kaninchen kostet 14,50 €, der Käfig 29 €.
Das Einsetzungsverfahren ist hier am effektivsten.
b) x: Preis für die Flasche; y: Preis für den Korken
I $x + y = 2{,}2$; II $x = 3y$; $x = 1{,}65$ und $y = 0{,}55$
Die Flasche kostet 1,65 €, der Korken 55 ct.
Das Einsetzungsverfahren ist hier am effektivsten.

19 *Gleichungen geeignet umformen und mit dem Additionsverfahren lösen*
a) $x = -2$ und $y = 2$ **b)** $x = 3$ und $y = 2$ **c)** $x = 3$ und $y = 7$ **d)** $x = -3{,}5$ und $y = 2$
e) $x = 11$ und $y = 5$ **f)** $x = 2$ und $y = 1$ **g)** $x = 0$ und $y = -2$ **h)** $x = -6$ und $y = 8$

20 *Gleichungssystem selbst erstellen und lösen*
Lösungen je nach Würfelergebnissen verschieden

Zum Weiterarbeiten
individuell verschieden

Seite 37

21 *Gleichungssysteme mit geeignetem Verfahren lösen; Wahl des Verfahrens begründen*
Anwendung und Begründung zum zweckmäßigsten Lösungsverfahren oft individuell verschieden
a) $x = 5$ und $y = 7$ (Einsetzungs- oder Additionsverfahren)
b) $x = 6$ und $y = 2$ (Einsetzungs- oder Additionsverfahren mit I $\cdot (-3)$)
c) $a = 3$ und $b = 4$ (Additionsverfahren mit I $\cdot (-3)$ oder I $\cdot 5$)
d) $x = 4$ und $y = 3$ (Einsetzungs- oder Additionsverfahren mit I $\cdot (-3)$)
e) $x = 5$ und $y = 3$ (Einsetzungs- oder Gleichsetzungsverfahren z. B. mit I − II)
f) $x = 0{,}8$ und $y = 3{,}2$ (Gleichsetzungsverfahren)

22 *Anwendungsaufgabe zu Anzahl von Betten: Gleichungssystem aufstellen und lösen*
x: Anzahl der Vierbettzimmer; y: Anzahl der Sechsbettzimmer
I $x + y = 80$; II $4x + 6y = 390$; $x = 45$ und $y = 35$
Es gibt 45 Vierbett- und 35 Sechsbettzimmer.

23 *rechnerische und grafische Lösung für ein Gleichungssystem vergleichen und diskutieren*
a) Die nach y umgestellten Gleichungen stimmen mit den Geradengleichungen überein:
I $y = 2x + 1$; II $y = 2x + 2$
b) Die Lösungsmenge ist leer, das heißt, es gibt keine Lösung.
Die Geraden haben im Koordinatensystem keinen Schnittpunkt.
c) z. B.: $-2x + y = 1$

24 *Gleichungssysteme mit unendlich vielen oder keinen Lösungen bearbeiten*
Die Gleichungssysteme b) und d) haben keine Lösungen.
Die Gleichungssysteme a) und c) haben unendlich viele Lösungen, z. B.:
a) $x = 1$ und $y = -1{,}5$; $x = 2$ und $y = -1$; $x = 3$ und $y = -0{,}5$
c) $x = 1$ und $y = 3$; $x = 2$ und $y = 2$; $x = 3$ und $y = 1$

Seite 37

25 *Gleichungssystem ergänzen, sodass es keine, unendlich viele oder genau eine Lösung(en) hat*

a) z.B.: $y = 4x + 3$ **b)** $y = 4x + 2$ **c)** z.B.: $y = 2x + 4$ (Lösung: $x = 1$ und $y = 6$)

26 *Gleichungssystem mit drei Gleichungen und drei Unbekannten (in Dreiecksgestalt) lösen*

a) schrittweise von III nach I die Lösungen bestimmen

b) $z = 3;\ y = 1;\ x = 2$

27 *Gleichungssysteme mit drei Gleichungen und drei Unbekannten (in Dreiecksgestalt) lösen*

Es gibt verschiedene Möglichkeiten, z.B.:

a)	I	$3x - y + 2z = 13$	
	II	$4y + 4z = 8$	
	II−III	$3z = 9$	$x = 2$ und $y = -1$ und $z = 3$
b)	I	$4x + 3y + z = 18$	
	II	$4y - z = 4$	
	II−4·III	$-13z = -52$	$x = 2$ und $y = 2$ und $z = 4$
c)	I	$2x + 4y + z = 5$	
	I−2·II	$-2y - 3z = -9$	
	2,5(I−2·II)−III	$-6{,}5z = -19{,}5$	$x = 1$ und $y = 0$ und $z = 3$

28 *Gleichungssysteme mit drei Gleichungen und drei Unbekannten lösen*

Durch Addition oder Subtraktion zweier Gleichungen oder ihrer günstigen Vielfachen werden schrittweise die Variablen aus den Gleichungen eliminiert, sodass der Wert für eine Variable bestimmt werden kann, mit dem umgekehrt die Werte der anderen Variablen schrittweise berechnet werden.

a)	I	$4x + 3y + 2z = 48$	
	IV=II−III	$-7y + 5z = -46$	
	V=I − 2 · II	$9y - 4z = 64$	
	VI=4 · IV	$-28y + 20z = -184$	
	VII=5 · V	$45y - 20z = 320$	
	VI+VII	$17y = -136$	also $y = 8$
	eingesetzt in IV	$-56 + 5z = -46;$	also $z = 2$
	eingesetzt in I	$4x + 24 + 4 = 48;$	also $x = 5$
b)	I	$3x + 2y - 4z = 9$	
	IV=I−3·II	$-13y - 13z = -39$	
	V=IV:(−13)	$y + z = 3$	
	VI=III−2·II	$-4y - 5z = -13$	
	4·V+VI	$-z = -1;$	also $z = 1$
	eingesetzt in V	$y + 1 = 3;$	also $y = 2$
	eingesetzt in II	$x + 10 + 3 = 16;$	also $x = 3$
c)	I	$x + 2y - 3z = -7$	
	IV=4·I−II	$11y - 17z = -52$	
	V=III−3·I	$-11y + 13z = 32$	
	IV+V	$4z = -20;$	also $z = 5$
	eingesetzt in V	$-11y + 65 = 32;$	also $y = 3$
	eingesetzt in I	$x + 6 - 15 = -7;$	also $x = 2$

29 *Altersrätsel mit drei Variablen lösen*

a) x: Alter der Oma; y: Alter der Mutter; z: Alter der Tochter

I $x + y + z = 129$; II $x + y = 113$; III $x + z = 88$

Aus I − II folgt $z = 16$. Aus I − III folgt $y = 41$.

Die Oma ist 72 Jahre alt, die Mutter 41 Jahre und die Tochter 16 Jahre.

Diskussion verschiedener Lösungswege

b) individuell verschieden

Thema: Schülerfirma

Seite 38

1 *Aufgabenbereiche einer Schülerfirma beschreiben*
individuelle Beschreibung der Aufgabenbereiche; zum Beispiel:
a) Planung: Ton, Farbe und Arbeitsraum organisieren
Umsetzung: Tassen töpfern und bemalen
Verkauf: Tassen zum Verkaufsort bringen und dort ausstellen
b) Planung: Brötchen, Belag und Behälter zum Transport besorgen
Umsetzung: Brötchen belegen; evtl. Gemüse erst später rauflegen
Verkauf: Brötchen zum Stand bringen und dort verkaufen; extra Belag dabei haben
c) Planung: Verstärker und Boxen besorgen; Versicherung abschließen; Jemanden, der die Gegenstände im Auto mitnehmen kann, organisieren
Vermietung: Verträge erstellen und abrechnen
Umsetzung: alles zum Standort transportieren und aufbauen; defekte Boxen reparieren oder ersetzen; abbauen

Seite 39

2 *Sachaufgabe zu Druckereien lösen*
a) x: Anzahl der T-Shirt; y: Preis; ABC-Druck: $y = 1{,}99x + 50$; Druckfix: $y = 1{,}85x + 60$
b)

Anzahl der T-Shirts	0	50	100	150	200	250
Preis in € von ABC-Druck	50	149,50	249	348,50	448	547,50
Preis in € von Druckfix	60	152,50	245	337,50	430	522,50

c) Setzt man beide Gleichungen gleich, erhält man: $1{,}99x + 50 = 1{,}85x + 60$
Die Lösung ist $x \approx 71{,}4$. Ab 72 T-Shirts lohnt sich die Druckerei Druckfix.
d) Da bei 160 Stück Druckfix billiger ist, bedruckt man die T-Shirts dort.
Die Druckkosten für 160 Stück betragen insgesamt $1{,}85 \cdot 160 + 60 = 356$ €, also 2,23 € pro T-Shirt. Dazu kommen die 5 € für den Einkauf. Daher betragen die Kosten 7,23 € pro T-Shirt. Um Gewinn zu machen, muss man ein T-Shirt für mehr als 7,23 € verkaufen. Ein gut klingender Preis wäre z.B. 9,99 €. Ob der Preis gut ist, hängt z.B. davon ab, ob man die T-Shirts nur an Schüler verkauft oder ob man weitere Kosten hat.

3 *Sachaufgabe zu Druckkosten und Buchstabenhäufigkeit lösen*
a) Es hängt davon ab, wie viele Buchstaben und Zeichen insgesamt auf den T-Shirts stehen.
b) individuelle Rechnung; Man erkennt, dass bei 6 Buchstaben und Zeichen oder weniger pro T-Shirt die Druckerei PrintFlink auf jeden Fall am billigsten ist, da ein T-Shirt dort nur 1,80 € oder weniger kostet (bei den anderen Angeboten 1,99 € und 1,85 € und dazu kommt noch der Grundpreis).
Beispielrechnung: Bei 10 Buchstaben pro T-Shirt zahlt man 3 € pro Stück. Damit muss man die Gleichungen $1{,}99x + 50 = 3x$ beziehungsweise $1{,}85x + 60 = 3x$ lösen.
Damit ist ABC-Druck ab 50 Stück und Druckfix ab 53 Stück billiger.
c) Man kann zählen, wie viele Vokale in den Sprüchen sind, die nun wegfallen.
Verkauft man eine große Anzahl verschiedener Sprüche, dann kann man auch schätzen, wie hoch der Anteil der Vokale in Wörtern ist. In der deutschen Sprache sind etwa 38 % der Buchstaben Vokale.

4 *eigene Schülerfirma beschreiben bzw. Idee dazu entwickeln*
individuelle Beschreibung der eigenen Schülerfirma

Vermischte Übungen

Seite 40

1 *Gleichungssysteme mit dem Gleichsetzungsverfahren lösen*
a) $x = -2$ und $y = -5$ **b)** $x = 2$ und $y = 1$ **c)** keine Lösung

2 *Gleichungssysteme mit dem Einsetzungsverfahren lösen*
a) $x = 3$ und $y = 0$ **b)** $x = 1$ und $y = 0{,}7$ **c)** $x = 3$ und $y = -1{,}6$

3 *Gleichungssysteme mit dem Additionsverfahren lösen*
a) $x = 8$ und $y = -3$ **b)** $x = -2$ und $y = 5$ **c)** $x = 3$ und $y = 9$
Lösungswort: BERNAU; Bundesland: Brandenburg

4 *Gleichungssysteme mit einem geeigneten Verfahren lösen*
a) $x = 1$ und $y = -0{,}5$ **b)** $x = 3$ und $y = 1{,}5$ **c)** keine Lösung
d) $x = 2$ und $y = 1{,}5$ **e)** $x = -5$ und $y = 1$ **f)** unendlich viele mit $y = -0{,}5x + 2$
g) $x = -2$ und $y = 7$ **h)** $x = -4$ und $y = -3$

Seite 40

5 *Merktext zur Wahl des Lösungsverfahrens verfassen*
individueller Merktext

6 *Anzahl der Lösungen eines Gleichungssystems bestimmen*
a), b), c) unendlich viele Lösungen **d), e)** keine Lösung

7 *Sachaufgabe zu Fahrradpreisen lösen*
h: Preis für das Herrenfahrrad; d: Preis für das Damenfahrrad
I $h+d=980$; II $d=h+80$
$h+h+80=980$; $h=450$; $d=530$
Das Herrenrad kosten 450 €, das Damenrad 430 €.

8 *Sachaufgabe zu Rechteckgrößen lösen*
I Umfang: $2\,(a+b)=50$; II Seite: $b=a+5$
$2\,(a+a+5)=50$; $a=10$; $b=15$
Die Seitenlängen des Rechtecks betragen 10 cm und 15 cm.

9 *Zahlenrätsel lösen*
x: Hunderterstelle der Zahl; y: Zehnerstelle der Zahl; z: Einerstelle der Zahl
I $x+y+z=20$; II $3y=z$; III $x-y=5$; $x=8$; $y=3$; $z=9$
Die gesuchte Zahl ist 839.

10 *Sachzusammenhang zu gegebenem Gleichungssystem finden*
Am besten löst man das Gleichungssystem zuerst, um anschließend ein passendes Rätsel oder einen anderen Sachzusammenhang zu finden.
$x=7$ und $y=2$
Altersrätsel z. B.
Leas Alter und das doppelte Alter ihres Bruders ergeben zusammen 11.
Das Dreifache von Leas Alter und das Alter ihres Bruders ergeben zusammen 23.
Wie alt sind Lea und ihr Bruder?

11 *Anwendungsaufgabe Gleichungssysteme zu Preisen aufstellen und lösen*
individuelle Fragen; z.B. Wenn ich insgesamt zehn rote Blumen (2 €) und Kakteen (4€) kaufe, wann spare ich beim Angebot?
x: Anzahl rote Blumen, y: Anzahl Kakteen; I $x+y=10$ II $2x+4y=28$
Lösung: $x=6$; $y=4$; Bei 6 roten Blumen und 4 Kakteen ist das Angebot gleich teuer wie der normale Preis. Bei weniger roten Blumen (z.B. 3 rote Blumen, 7 Kakteen) spart man beim Angebot, bei mehr roten Blumen (z.B. 8 rote Blumen, 2 Kakteen) zahlt man beim Angebot sogar mehr.

12 *Anwendungsaufgabe: bestimmten Fettanteil von Nahrungsmitteln durch Mischen erhalten*
a) x: Gewicht des Fruchtjoghurts; y: Gewicht der Schlagsahne
I $x+y=500$ II $0{,}035x+0{,}32y=50$ Lösung: $x=386$; $y=114$
Man muss 386 g Fruchtjoghurt und 114 g Schlagsahne mischen.
b) $3{,}86\cdot 98+1{,}14\cdot 288=706{,}6$ Der Nachtisch hat etwa 707 Kilokalorien.
c) Es sind $386\text{ g}\cdot 0{,}038+114\text{ g}\cdot 0{,}025=17{,}518\text{ g}$ Eiweiß enthalten. Dies ist ein Anteil von etwa 3,5 %.

Seite 41

13 *Anwendungsaufgabe zu Anlagemöglichkeiten: Gleichungssystem aufstellen und lösen*
s: in Sparbriefen angelegtes Geld; t: auf dem Tageskonto angelegtes Geld
I $s+t=36000$; II $0{,}012s+0{,}006t=366$; $s=25000$; $t=11000$
$11000:360\approx 30{,}6$ Etwa 30,6 % seiner Erbschaft ging auf das Tagesgeldkonto.

14 *Anwendungsaufgabe zu Ausflugskosten lösen*
a) Entfernung Dresden–Meißen–Moritzburg–Dresden: 57 km
Angebot 1: $57\cdot 1{,}43\text{ €}=81{,}51\text{ €}$; $81{,}51\text{ €}:30\approx 2{,}72\text{ €}$
Angebot 2: $57\cdot 1{,}32\text{ €}=75{,}24\text{ €}$; $75{,}24\text{ €}:30\approx 2{,}51\text{ €}$
Angebot 1: $9{,}20\text{ €}+2{,}72\text{ €}=11{,}92\text{ €}$
Angebot 2: $9{,}30\text{ €}+2{,}51\text{ €}=11{,}81\text{ €}$ Das Angebot 2 ist günstiger.
b) Es ist kein Gleichungssystem angebracht, da sich die Angebote auf gleiche Strecken beziehen. Hier ist nur der Vergleich nötig, bei welchem Angebot höhere bzw. niedrigere Kosten entstehen.

Seite 41

15 *Anwendungsaufgabe zu Urlaubsangeboten: Gleichungssystem aufstellen und lösen*

a) A: $a(x) = 80x + 100$; B: $b(x) = 70x + 150$

b) A: $80x + 100 \leq 350$; $x \leq 3{,}125$; B: $70x + 150 \leq 350$; $x \leq 2{,}86$
Der Urlaub darf bei Angebot A höchstens 3 Tage, bei B höchstens 2 Tage dauern.

c) Man muss die Gleichung $80x + 100 = 70x + 150$ lösen. Die Lösung lautet $x = 5$. Der Preis für 5 Tage ist jeweils 500 € und damit gleich groß.

d) x: Anzahl der Tage in Bungalow A, y: Anzahl der Tage in Bungalow B;
I $x + y = 12$ II $80x + 100 + 70y + 150 = 1180$ $x = 9$; $y = 3$
Sie verbrachte 9 Tage in Bungalow A und 3 Tage in Bungalow B.

16 *Anwendungsaufgabe zu Kosten bei Buchherstellung: Gleichungssystem aufstellen und lösen*

a) Anfangskosten: 150 000 €

b) x: Anzahl der verkauften Bücher; y: Kosten in €
I Kosten: $y = 150\,000 + 5x$; II Erlös: $y = 15x$

c) I 180 000; II 90 000; Verlust 90 000 €

d) Rechts vom Schnittpunkt beider Graphen liegt die Erlöslinie über der Kostenlinie. Ab da wird ein Gewinn erzielt.
Lösung des in b) angegebenen Gleichungssystems: $150\,000 + 5x = 15x$
Ab 15 001 Exemplaren werden Gewinne erzielt.

Seite 41

Klassenfahrt

a) Einzig mögliche Zimmerverteilung bei den Mädchen: 3 Dreier- und 1 Viererzimmer (sonst bleiben Betten frei). Die Jungen könnten alternativ in 1 Dreier- und 3 Viererzimmern oder in 5 Dreierzimmern untergebracht werden.

b) x: Anzahl der gefahrenen Kilometer; y: Gesamtkosten der Busfahrt in €
A: $a(x) = 2x + 40$; B: $b(x) = 1{,}6x + 90$
$a(375) = 790$; $b(375) = 690$
Kosten bei Busunternehmen A: 790 €; Kosten bei Busunternehmen B: 690 €
Um zu sehen, ab wann sich Unternehmen B lohnt, muss der Schnittpunkt beider Graphen ermittelt werden. Das kann grafisch erfolgen (Zeichenübung im Koordinatensystem) oder rechnerisch: $2x + 40 = 1{,}6x + 90$; $x = 125$
Ab 126 km Streckenlänge lohnt sich eine Buchung bei Unternehmen B.

c) p: Preis einer Pizza; g: Preis eines Getränks
I $2p + g = 7{,}93$; II $p + g = 4{,}94$; $p = 2{,}99$; $g = 1{,}95$
Ein Getränk kostet 1,95 €, eine Minipizza kostet 2,99 €.
Die Aufgabe ist auch gut ohne Gleichungssystem lösbar, indem man einfach Emmas Summe von Kais Summe abzieht und damit auf den Preis einer Minipizza kommt.

d) s: Preis einer Schülerkarte; l: Preis einer Lehrerkarte
I $28s + 2l = 280$; II $l = s + 5$; $s = 9$; $l = 14$
Eine Schülerkarte kostet 9 €, eine Lehrerkarte kostet 14 €.

e) x: Alter des Lehrers; y: Alter seines Sohnes
I $x - 5 = 2(y + 7)$; $x - 2y = 19$; II $(x + 1) + (y + 1) = 60$; $x + y = 58$
$x = 45$; $y = 13$
Der Lehrer ist 45 Jahre alt, sein Sohn ist 13 Jahre alt.

f) $m = \frac{180}{4500} = 0{,}04 = 4\,\%$ Die Steigung beträgt 4 %.
$m_{\text{Rückweg}} = \frac{180}{x} = 3\,\% = 0{,}03$; $x = 6000$ Der Rückweg wäre 6 km lang.

g) l: Preis für eine Limo; s: Preis für einen Schokoriegel
I $2l + 3s = 6{,}5$; II $l + 2s = 3{,}7$; $l = 1{,}9$; $s = 0{,}9$
Der Preis für eine Limo beträgt 1,90 €, ein Schokoriegel kostet 0,90 €.
Lösung mit Hilfe des Einsetzungsverfahrens: z. B. II: $l = -2s + 3{,}7$ einsetzen in I
Lösung mit Hilfe des Gleichsetzungsverfahrens: z. B. $2 \cdot$ II berechnen; beide Gleichungen nach $2l$ umstellen und gleichsetzen
Lösung mit Hilfe des Additionsverfahrens: z. B. I $- 2 \cdot$ II
Antworten zu geeignetem Verfahren individuell verschieden, z. B.:
Es bietet sich das Additionsverfahren an, da man bei der Vorgehensweise I $- 2 \cdot$ II sofort die Gleichung $-s = -0{,}9$, also $s = 0{,}9$, erhält.

Pyramide, Kegel, Kugel

Noch fit?

Seite 46

1 *Längen, Flächen und Volumen in gegebene Maßeinheiten umrechnen*
a) 50 mm **b)** 3 km **c)** 5 dm **d)** 6,7 cm **e)** 700 mm^2 **f)** 80 000 dm^2 **g)** 0,05 dm^2
h) 0,67 cm^2 **i)** 40 000 mm^3 **j)** 9 500 000 dm^3 **k)** 3500 cm^3 **l)** 0,067 cm^3

2 *Flächeninhalt von Quadrat, Rechteck und Kreis berechnen*
a) 4 dm^2 **b)** 1,44 cm^2 **c)** 32 cm^2 **d)** 36 cm^2 (= 360 mm^2) **e)** ≈113,10 m^2 **f)** ≈19,63 cm^2

3 *gesuchte Größe (Volumen V oder Oberflächeninhalt A_O) angeben*
a) V **b)** A_O **c)** V **d)** A_O **e)** A_O **f)** V

4 *Inhalt und Umfang von Flächen berechnen (z.T. mit dem Satz des Pythagoras)*
a) $A \approx 22{,}28\ cm^2$; $u \approx 18{,}28\ cm$
b) Höhe h: $h^2 + (1{,}8\ cm)^2 = (3{,}6\ cm)^2$; $h \approx 3{,}12\ cm$; $A \approx 5{,}62\ cm^2$; $u = 10{,}8\ cm$
c) zweite Kathete ≈7,12 cm; $A \approx 19{,}59\ cm^2$; $u \approx 21{,}62\ cm$
d) $A = 28\ cm^2$; schräge Seite ≈7,28 cm; $u \approx 22{,}28\ cm$

5 *Schrägbild und Netz eines Quaders zeichnen; Oberflächeninhalt und Volumen berechnen*
Zeichenübung Schrägbild Quader und Quadernetz
a) $V = 60\ cm^3$
b) $A_O = 2 \cdot (ab + bc + ac) = 2 \cdot (20\ cm^2 + 12\ cm^2 + 15\ cm^2) = 2 \cdot 47\ cm^2 = 94\ cm^2$
c) $V_{Würfel} = 64\ cm^3$; $A_{O\_Würfel} = 6 \cdot (4\ cm)^2 = 96\ cm^2$
Erhans Aussage stimmt nicht. Der Würfel hat einen größeren Oberflächeninhalt und auch ein größeres Volumen als der Quader.

6 *einfache Gleichungen lösen*
a) $x = 14$ **b)** $x = 28$ **c)** $x = 3$ **d)** $x = 4$ **e)** $x = 2$ **f)** $x = 14$ **g)** $x = -2$ **h)** $x = 0$

Bunt gemischt

1. −12; −2; 2; −2
2. Lenas Behauptung und ihre Begründung sind richtig. Weitere Begründung: Man teilt durch einen Bruch, indem man mit dem Kehrwert multipliziert.
   Dann gilt: $2\frac{1}{2} : \frac{1}{2} = 2\frac{1}{2} \cdot 2 = 5$
3. z.B. $0{,}95 = \frac{95}{100} = \frac{19}{20}$; $0{,}99 = \frac{99}{100}$
4. $P(\text{„Sechs"}) = \frac{1}{6}$

Pyramiden und Kegel erkennen und zeichnen

Erforschen und Entdecken

Seite 47

1 *Körper und deren Eigenschaften benennen, nach verschieden Kategorien zusammenfassen*
a) ① Quader: drei Paare sich gegenüberliegender gleicher Seitenflächen (Rechtecke)
② Kegel: Kreis als Grundfläche und Spitze senkrecht über Kreismittelpunkt
③ Prisma mit gleichseitigem Dreieck als Grundfläche: gleiche (kongruente) Dreiecke als Grund- und Deckfläche, Rechtecke als Seitenflächen
④ zwei quadratische Pyramiden mit den Grundflächen aufeinander gestellt
⑤ Zylinder: gleich große Kreise als Grund- und Deckfläche, „eingerolltes", gebogenes Rechteck als Mantelfläche
⑥ Pyramide: Vieleck als Grundfläche; Spitze; Dreiecke als Seitenflächen
b) z.B.: Prismen (① und ③); Zylinder (⑤); Spitzkörper (② und ⑥) oder:
Körper mit n-Eck als Grundfläche (①, ③ und ⑥);
Körper mit Kreis als Grundfläche (② und ⑤)
c) individuell verschieden

2 *nicht passende Körper in Partnerarbeit identifizieren; Auswahl begründen*
a) Körper ③, denn er ist kein Spitzkörper.
b) Körper ②, denn er wirkt schief (schiefe Pyramide).

Seite 47

3 *Vorgehensweise beim Zeichnen von Schrägbildern von Pyramiden erläutern; Schrägbild zeichnen*

a) Vorderkante zeichnen, nach hinten verlaufende Kanten im 45°-Winkel und auf die halbe Länge verkürzt; Diagonalen und deren Schnittpunkt einzeichnen, nicht sichtbare Kanten gestrichelt eintragen; senkrecht über dem Schnittpunkt der Diagonalen die Höhe einzeichnen; Eckpunkte der Grundfläche mit dem Höhenendpunkt verbinden

b) Zeichenübung analog a)

c) Zeichenübung analog a); Erläuterung individuell verschieden

d) Die kreisförmige Grundfläche wird abgeflacht dargestellt (als Ellipse). Dabei wird auf die Schrägstellung des nach hinten verlaufenden Radius verzichtet, der Radius wird aber um die Hälfte verkürzt. Es entsteht ein Kegel.

Basisaufgaben

Seite 49

1 *Pyramiden und Kegel erkennen*

Pyramiden: ① und ⑤; Kegel: ③ und ④

2 *pyramiden- und kegelförmige Gegenstände aus dem Alltag nennen*

Pyramide z. B.: manche Kerzen, ägyptische Pyramiden; manche Halbedelsteine

Kegel z. B.: Faschingshut; Schultüte; Dach von rundem Turm; großes Indianerzelt (annähernd)

3 *Fachbegriffe zur Bezeichnung von Pyramiden richtig verwenden*

Zeichen- und Markierungsübung, z. B.:

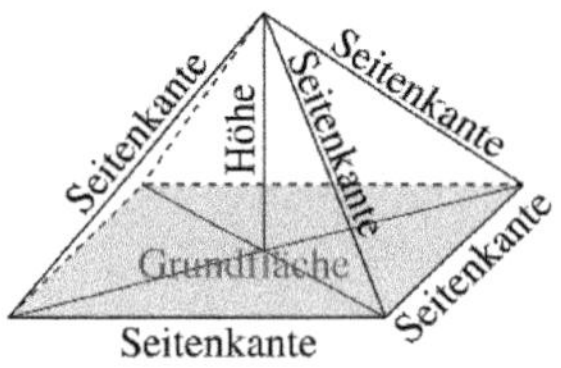

4 *Schrägbilder von Pyramiden und Kegel zeichnen*

Zeichnungen hier auf 50 % verkleinert

a) **b)** **c)**

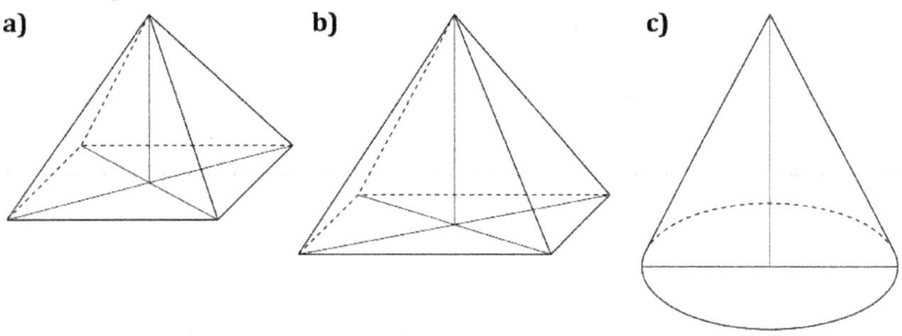

5 *Lückentext über quadratische Pyramiden ergänzen*

n-Eck; Quadrat; senkrecht; Diagonalen

6 *Körperformen in Bauwerken benennen*

Im mathematischen Sinn handelt es sich annähernd um die folgenden Körper:

① zwei Zylinder und zwei Kegel
② Quader oder Würfel (nicht vollständig abgebildet), darauf ein Kegel
③ zwei schiefe Pyramiden (mit dreieckiger Grundfläche) bzw. zusammengeschoben: eine Pyramide mit quadratischer Grundfläche
④ Prisma mit achteckiger Grundfläche und Pyramide mit achteckiger Grundfläche
⑤ quadratische Pyramiden

7 *übliche Darstellungsweise einer „Ernährungspyramide" mathematisch untersuchen*

a) nein; Die Darstellung entspricht einem dreiseitigen Prisma mit der Vorderseite als Grundfläche. (Es gibt keine Spitze, nur eine obere Kante.)

b) Zeichenübung, analog der Darstellung auf Seite 12 unten; z. B. mit 5 cm Höhe, damit die Höhe leicht in fünf gleich große Abschnitte unterteilt werden kann

8 *Würfel mit pyramidenförmigem Dach zeichnen*

Zeichenübung

Weiterführende Aufgaben

Seite 50

9 *Schrägbild der Roten Pyramide in Dahschur zeichnen; vorgegebenen Maßstab anwenden*
Zeichenübung einer quadratischen Pyramide mit $a = 11$ cm; $h = 5{,}2$ cm

10 *Schrägbild eines Turms (Zylinder mit Kegeldach) zeichnen; Dachhöhe schätzen; Maßstab wählen*
a) individuell verschieden; z.B.: 3 m
b) Zeichenübung, sinnvoll im Maßstab 1:200; dann $d = 3{,}75$ cm; Zylinderhöhe 12,5 cm; Kegelhöhe 1,5 cm

11 *Anwendungsaufgabe: Burg entwerfen und maßstäblich zeichnen; Ergebnisse präsentieren*
individuelle Lösungen

12 *Anwendungsaufgabe: Parfümflasche mit Pyramide oder Kegel entwerfen, im Schrägbild zeichnen*
individuelle Lösungen

13 *Argumentationsübung zu Eigenschaften von Pyramiden*
a) Falsch. Die Anzahl der Ecken hängt von der Eckenzahl der Grundfläche ab. Eine dreieckige Pyramide hat z.B. vier Ecken. Die Aussage gilt nur für quadratische Pyramiden.
b) Richtig. Die Grundfläche ist ein Quadrat. Die vier Seitenflächen sind Dreiecke.
c) Falsch. Nur die vier Seiten der Grundfläche sind immer gleich lang. Die Länge der Seitenkanten hängt von der Höhe ab. Nur wenn eine quadratische Pyramide so hoch ist, dass ihre Seitenkanten die gleiche Länge haben wie die Seiten der Grundfläche, dann ist die Aussage richtig.
d) Richtig. Die Grundfläche wird von drei Kanten begrenzt. Außerdem gibt es drei Seitenkanten.

14 *Tetraeder als Spielwürfel beschreiben*
a) z.B.: Der grüne Spielwürfel zeigt eine 3, da diese eindeutig in der oberen Ecke zu sehen ist. Der blaue Spielwürfel zeigt eine 1, da diese eindeutig auf der unteren Seitenkante zu sehen ist. (Bemerkung: Die Tetraeder-Spielwürfel sind so gemacht, dass egal wie man sie dreht, die 3 in der oberen Ecke ist bzw. die 1 auf der unteren Kante. Es ist daher egal, auf welche Seitenfläche man schaut.)
b) Die Mantelfläche besteht aus drei kongruenten gleichseitigen Dreiecken.
Insgesamt sind die Seitenflächen und die Grundfläche vier kongruente gleichseitige Dreiecke. Alle Kanten sind also gleichlang.
c) Ein Tetraeder hat ein Dreieck als Grundfläche und drei Dreiecke als Seitenflächen. Außerdem hat ein Tetraeder eine Spitze, sodass er eine Pyramide ist.
d) z.B.: Alle Seitenflächen und die Grundfläche sind gleichgroß. Somit ist die Wahrscheinlichkeit, auf einer dieser Flächen zu landen, immer gleichgroß. Da alle Kanten gleichlang sind, ist auch die Wahrscheinlichkeit, auf einer dieser Kanten zu landen, gleichgroß. Somit kommt keine Zahl häufiger als eine andere.
e) z.B.: Die Pyramide wird wohl fast nie auf die Grundfläche fallen. Man könnte auf jede Seitenfläche eine Zahl schreiben und hätte einen fairen Spielwürfel, denn alle Seitenflächen sind gleichgroß.
Der Kegel wird fast immer auf die Mantelfläche fallen. Es ist schwierig darauf Zahlen zu markieren, sodass man ein eindeutiges Ergebnis erkennen kann. Er ist daher nicht zum Würfeln geeignet.

15 *Anzahl der Ecken, Kanten und Flächen in Pyramiden untersuchen*
a)

Grundfläche der Pyramide	Anzahl der ... Ecken	Kanten	Flächen
Dreieck	4	**6**	4
Viereck	**5**	8	**5**
Fünfeck	**6**	**10**	6
Sechseck	**7**	**12**	**7**
Siebeneck	**8**	**14**	**8**
Achteck	**9**	**16**	**9**
Neuneck	**10**	**18**	**10**
Zehneck	**11**	**20**	**11**

b) 18 Ecken, 34 Kanten, 18 Flächen
Die Pyramide hat eine Ecke mehr als die Grundfläche Eckpunkte hat (Spitze). Sie hat doppelt so viele Kanten wie die Kantenanzahl an der Grundfläche (nämlich noch die Kanten zur Spitze hin).
Die Pyramide hat eine Fläche mehr (Grundfläche) als Ecken an der Grundfläche sind (Seitenflächen von Grundkanten ausgehend zur Spitze).
c) Ecken $E = n + 1$; Kanten $K = 2n$; Flächen $F = n + 1$
d) nach c): $E + F = (n + 1) + (n + 1) = 2n + 2 = K + 2$

Mantel und Oberfläche einer Pyramide

Erforschen und Entdecken

Seite 51

1 *Pyramidennetz abzeichnen; Längen markieren und messen; Oberflächeninhalt berechnen*

a) Zeichenübung
b) Die Dreiecke sind gleichschenklig und kongruent. Deshalb treffen sich die Spitzen der vier Dreiecke in einem Punkt, der genau über dem Mittelpunkt der Grundfläche liegt.
c) Markierungsübung entsprechend der Variablenbeschriftung im Buch
d) $a = 3$ cm; $h_a = 4$ cm
e) $9\text{ cm}^2 + 4 \cdot 6\text{ cm}^2 = 33\text{ cm}^2$

2 *gegebene Figuren prüfen und begründen, ob es sich um Pyramidennetze handelt*

① und ④ sind Netze von Pyramiden. Aus ② kann nur der Mantel einer quadratischen Pyramide gefaltet werden. ③ ergibt keine Pyramide, denn die Seitenflächen laufen „oben" nicht zu einer Spitze zusammen (sondern zu einer Kante, es entsteht ein dreiseitiges Prisma).
Vorgehensweisen: Wenn man das Netz ausschneidet, so muss sich durch Falten entlang der Kanten daraus eine Pyramide „bauen" lassen. (Übung zum räumlichen Vorstellungsvermögen)
mögliche Überlegungen z. B.: Eine der Flächen muss die Grundfläche sein. Die Grundfläche ist diejenige Fläche mit den meisten Seiten (bzw. Ecken).
Die Seitenflächen einer Pyramide sind stets Dreiecke. Es muss genau so viele Seitenflächen wie Seiten (bzw. Ecken) der Grundfläche geben. Die Seitenlängen der Grundfläche und der Seitenflächen müssen zueinander passen.

3 *Pyramide mit Stützdreieck basteln, Satz des Pythagoras anwenden*

Zeichen- und Schneideübung
a) Zeichen- und Schneideübung
b) Hypotenuse ist h_a, also lila; lange Kathete ist h, also orange
c) Bastelübung
d) Katheten $\frac{a}{2}$ und h; Hypotenuse h_a; Satz des Pythagoras: $h_a^2 = \left(\frac{a}{2}\right)^2 + h^2$

Basisaufgaben

Seite 53

1 *Netz einer quadratischen Pyramide zeichnen; Mantel- und Oberflächeninhalt berechnen*

Zeichenübung Pyramidennetz mit quadratischer Grundfläche mit $a = 5$ cm und vier gleichschenkligen Dreiecken mit $a = 5$ cm und $h_a = 4$ cm
$A_M = 40\text{ cm}^2$; $A_O = 40\text{ cm}^2 + 25\text{ cm}^2 = 65\text{ cm}^2$

2 *Mantel- und Oberflächeninhalt quadratischer Pyramiden berechnen*

a) $A_M = 48\text{ cm}^2$; $A_O = 64\text{ cm}^2$ **b)** $A_M = 30\text{ m}^2$; $A_O = 39\text{ m}^2$
c) $A_M = 6\text{ cm}^2$; $A_O = 8{,}25\text{ cm}^2$ **d)** $A_M = 60\text{ m}^2$; $A_O = 76\text{ m}^2$

3 *Schrägbild abzeichnen; Seitenhöhe mit dem Satz des Pythagoras berechnen*

a) Zeichenübung; rot: 3,5 cm; blau: ca. 6,1 cm
b) Satz des Pythagoras prüfen: $(6{,}1\text{ cm})^2 = (5\text{ cm})^2 + (3{,}5\text{ cm})^2$;
Beide Seiten unterscheiden sich nur durch $0{,}4\text{ cm}^2$. Daher stimmt 6,1 cm.

4 *Argumentationsübung: Satz des Pythagoras richtig anwenden; Oberflächeninhalte berechnen*

a) Fynn betrachtet das Dreieck mit den Seiten $h = 8$ cm, $\frac{a}{2} = \frac{6}{2}$ cm $= 3$ cm und h_a. In seiner Rechnung hat er aber vergessen die Seitenlänge von a zu halbieren.
Richtig muss es heißen: $8^2 + 3^2 = h_a^2$
b) $h_a^2 = h^2 + \left(\frac{a}{2}\right)^2 = 8^2 + 3^2 = 73\text{ m}^2$; $h_a \approx 8{,}54$ m
c) $A_M \approx 102{,}48\text{ m}^2$; $A_O \approx 138{,}48\text{ m}^2$

5 *Seitenhöhe in quadratischen Pyramiden mit dem Satz des Pythagoras berechnen*

a) $h_a^2 = 10^2 + \left(\frac{8}{2}\right)^2 = 100 + 16 = 116$; $h_a \approx 10{,}77$ cm
b) $h_a^2 = 7^2 + \left(\frac{20}{2}\right)^2 = 49 + 100 = 149$; $h_a \approx 12{,}21$ m
c) $h_a^2 = 20^2 + \left(\frac{15}{2}\right)^2 = 400 + 56{,}25 = 456{,}25$; $h_a \approx 21{,}36$ mm
d) $h_a^2 = 1{,}5^2 + \left(\frac{1}{2}\right)^2 = 2{,}25 + 0{,}25 = 2{,}5$; $h_a \approx 1{,}58$ m

Seite 53

6 *Seitenhöhe, Mantel- und Oberflächeninhalt von quadratischen Pyramiden berechnen*

a) $h_a = 5$ cm; $A_M = 60$ cm²; $A_O = 96$ cm² **b)** $h_a = 10$ cm; $A_M = 320$ cm²; $A_O = 576$ cm²

c) $h_a \approx 5{,}39$ m; $A_M \approx 43{,}12$ m²; $A_O \approx 59{,}12$ m² **d)** $h_a \approx 8{,}60$ m; $A_M \approx 172{,}00$ m²; $A_O \approx 272{,}00$ m²

Lösungswort: BRAUNSCHWEIG; Bundesland: Niedersachsen

7 *Anwendungsaufgabe: Inhalt einer Dachfläche berechnen*

a) Man muss den Mantelflächeninhalt berechnen. Die Grundfläche der Pyramide befindet sich innerhalb des Gebäudes und gehört nicht zum Dach.

b) Gegeben: $a = 5$ m; $h = 6$ m
$h_a^2 = (2{,}5\text{ cm})^2 + (6\text{ cm})^2 = 42{,}25\text{ cm}^2$; $h_a = 6{,}5$ m; $A_M = 65$ m²
Die Dachfläche ist 65 m² groß.

8 *Anwendungsaufgabe: Inhalt der Glasfläche der Pyramide am Louvre berechnen*

Gegeben: $a = 35$ m, also $\frac{a}{2} = 17{,}5$ m; $h = 22$ m
$h_a^2 = (17{,}5\text{ cm})^2 + (22\text{ cm})^2 = 790{,}25\text{ cm}^2$; $h_a \approx 28{,}11$ m; $A_M \approx 1967{,}70$ m²
Es wurden etwa 1968 m² Glas verbaut.

9 *Seitenhöhe h_a einer dreiseitigen Pyramide (aus Grundkante a und Seitenkante s) berechnen*

Die 3. Gleichung ist korrekt.

a) Fehler in der 1. Gleichung: Die Seite a wurde vor dem Quadrieren nicht halbiert.
Fehler in der 2. Gleichung: Es wurde nur a quadriert, nicht jedoch der Faktor $\frac{1}{2}$.

b) $h_a^2 + (2\text{ cm})^2 = (7\text{ cm})^2$; $h_a^2 = 49\text{ cm}^2 - 4\text{ cm}^2 = 45\text{ cm}^2$; $h_a \approx 6{,}71$ cm

10 *Seitenhöhe (aus Grundkante a und Seitenkante s) berechnen*

a) $10^2 = \left(\frac{12}{2}\right)^2 + h_a^2$, also $100 = 36 + h_a^2$; $h_a^2 = 64$ h_a ist 8 cm lang.

b) $9^2 = \left(\frac{6}{2}\right)^2 + h_a^2$, also $81 = 9 + h_a^2$; $h_a^2 = 72$ h_a ist etwa 8,49 m lang.

c) $18^2 = \left(\frac{24}{2}\right)^2 + h_a^2$, also $324 = 144 + h_a^2$; $h_a^2 = 180$ h_a ist etwa 13,42 mm lang.

Seite 54

11 *Fehler bei der Berechnung der Seitenhöhe (aus Grundkante a und Seitenkante s) korrigieren, Mantel- und Oberflächeninhalt berechnen*

a) Sehmus hat die Hypotenuse mit einer der Katheten vertauscht hat. Richtig ist: $10^2 = 3^2 + h_a^2$

b) $10^2 = 3^2 + h_a^2$; $h_a^2 = 100 - 9 = 91$; $h_a \approx 9{,}54\text{ m} \approx 9{,}5$ m

c) $A_M \approx 114$ m²; $A_O \approx 150$ m²

12 *Seitenhöhe, Mantel- und Oberflächeninhalt einer quadratischen Pyramide bestimmen*

a) $h_a = 4$ cm; $A_M = 48$ cm²; $A_O = 84$ cm² **b)** $h_a \approx 5{,}0$ m; $A_M \approx 80{,}0$ m²; $A_O \approx 144{,}0$ m²

c) $h_a \approx 12{,}0$ dm; $A_M \approx 384$ dm²; $A_O \approx 640$ dm² **d)** $h_a \approx 6{,}4$ cm; $A_M \approx 102{,}4$ cm²; $A_O \approx 166{,}4$ cm²

e) $h_a \approx 11{,}4$ mm; $A_M \approx 319{,}2$ mm²; $A_O \approx 515{,}2$ mm² **f)** $h_a \approx 13{,}0$ m; $A_M \approx 572$ m²; $A_O \approx 1056$ m²

Weiterführende Aufgaben

13 *Anwendungsaufgabe: Inhalt der Marmorfläche einer römischen Pyramide berechnen*

Gegeben: $a = 29{,}5$ m, also $\frac{a}{2} = 14{,}75$ m; $s = 42$ m
$h_a^2 = (42\text{ cm})^2 - (14{,}75\text{ cm})^2 = 1546{,}4375\text{ cm}^2$; $h_a \approx 39{,}32$ m; $A_M \approx 2319{,}88$ m²
Es wurden mindestens 2320 m² Marmorplatten benötigt (ohne Verschnitt).

14 *Pyramide mit Hilfe des Netzes basteln, Höhe schätzen und berechnen*

a) Markierungs- und Zeichenübung
Alle Grundkanten sind gleich lang; alle übrigen Dreieckseiten sind gleich lang.

b) $h_a^2 = (16\text{ cm})^2 - (2{,}25\text{ cm})^2 = 13{,}75\text{ cm}^2$; $h_a \approx 3{,}71$ cm

c) Schätz- und Bastelübung; es muss $h < h_a \approx 3{,}71$ cm sein.

d) $h^2 = h_a^2 - \left(\frac{a}{2}\right)^2$; $h^2 = 13{,}75\text{ cm}^2 - (2{,}25\text{ cm})^2 = 11{,}5\text{ cm}^2$; $h \approx 3{,}39$ cm

15 *fehlende Längen in quadratischen Pyramiden berechnen*

a) $s \approx 19{,}0$ cm; $h \approx 17{,}0$ cm **b)** $s \approx 15{,}3$ cm; $h \approx 13{,}7$ cm **c)** $a \approx 31{,}3$ cm; $s \approx 26{,}2$ cm

d) $a \approx 14{,}9$ m; $s \approx 14{,}4$ m **e)** $a \approx 31{,}7$ cm; $h \approx 8{,}5$ cm **f)** $a \approx 37{,}9$ cm; $h \approx 16{,}1$ cm

g) $h_a \approx 9{,}2$ cm; $h \approx 8{,}2$ cm **h)** $h_a \approx 12{,}2$ cm; $h \approx 11{,}6$ cm

Seite 54

16 *fehlende Größen von quadratischen Pyramiden berechnen*

Bemerkung: Es wurde jeweils mit den gerundeten Werten weitergerechnet.

a) $h \approx 8{,}25$ m; $h_a \approx 9{,}17$ m; $A_M \approx 146{,}72$ m²; $A_O \approx 210{,}72$ m²

b) $a \approx 31{,}31$ m; $s \approx 26{,}19$ m; $A_M \approx 1315{,}02$ m²; $A_O \approx 2295{,}34$ m²

c) $a \approx 31{,}75$ m; $h \approx 8{,}49$ m; $A_M \approx 1143{,}00$ m²; $A_O \approx 2151{,}06$ m²

d) $h \approx 19{,}08$ m; $s \approx 20{,}88$ m; $A_M = 480$ m²; $A_O = 624$ m²

e) $a = 24$ m; $s \approx 19{,}21$ m; $A_M = 720$ m²; $A_O = 1296$ m²

f) $h \approx 6{,}41$ m; $h_a \approx 6{,}98$ m; $A_M \approx 76{,}78$ m²; $A_O \approx 107{,}03$ m²

g) $a \approx 24{,}49$ m; $s \approx 21{,}36$ m; $A_M \approx 857{,}15$ m²; $A_O \approx 1456{,}91$ m²

17 *Berechnungen von Seitenhöhe und Höhe (aus A_O und a) prüfen und dann selbst berechnen*

a) Berechnung von h_a

1. Zeile: Vier Dreiecke (zusammengefasst) plus das Quadrat ergeben die Oberfläche.
2. Zeile: einsetzen der gegebenen Größen
3. Zeile: ausmultiplizieren
4. Zeile: auf beiden Seiten 9 cm² subtrahieren
5. Zeile: beide Seiten durch 6 cm dividieren

rechts: Berechnung von h

1. Zeile: Formel nach dem Satz des Pythagoras aufstellen
2. Zeile: einsetzen der gegebenen Größen
3. Zeile: quadrieren
4. Zeile: auf beiden Seiten 2,25 cm² subtrahieren
5. Zeile: Quadratwurzel berechnen

b) Berechnung von h_a und h analog zu Ricardas Rechnungen:
$4 \cdot 8\text{ cm} \cdot h_a + 64\text{ cm}^2 = 224\text{ cm}^2$; $h_a = 10$ cm; $(4\text{ cm})^2 + h^2 = (10\text{ cm})^2$; $h \approx 9{,}17$ cm

c) $A_M = 224\text{ cm}^2 - (8\text{ cm})^2 = 160\text{ cm}^2$

Mantel und Oberfläche eines Kegels

Erforschen und Entdecken

Seite 55

1 *Mantel und Oberfläche eines Kegels anhand einer Eisverpackung erkunden*

a) Messübung; Ergebnisse können variieren: Radius r ca. 3 bis 4 cm; Seitenlänge s ca. 15 cm bis 18 cm; Eishöhe h nicht direkt messbar, ca. 14,5 cm bis 17,5 cm

b) oberer „Deckel" (kreisförmige Grundfläche) und seitliche Ummantelung der Eiswaffel (Kreisausschnitt)

c) Das abgewickelte Papier ist wegen der sich überlappenden Klebelaschen größer als notwendig.

d) Zeichenübung

2 *Flächeninhalte von Kreisausschnitten ermitteln*

a) $\approx 78{,}54$ cm²

b) $\approx 39{,}27$ cm²

c) Winkel der anderen Kreisausschnitte: Rot 45°; Blau 60°; Grün 75°
Die blaue Fläche entspricht $\frac{60°}{360°} = \frac{1}{6}$ des Kreises, also $\frac{1}{6} \cdot 78{,}54\text{ cm}^2 \approx 13{,}09\text{ cm}^2$.

d) Die grüne Fläche entspricht $\frac{75°}{360°} = \frac{5}{24}$ des Kreises, also $\frac{5}{24} \cdot 78{,}54\text{ cm}^2 \approx 16{,}36\text{ cm}^2$.
Die rote Fläche entspricht $\frac{45°}{360°} = \frac{1}{8}$ des Kreises, also $\frac{1}{8} \cdot 78{,}54\text{ cm}^2 \approx 9{,}82\text{ cm}^2$.

e) $A_{\text{Kreisausschnitt}} = \pi r^2 \cdot \frac{\alpha}{360°}$ mit Radius r und Winkelgröße α

3 *Kegel aus Kreisausschnitt und passendem Kreis zusammensetzen; Oberflächeninhalt ermitteln*

Zeichen- und Schneideübung

a) ① passt zum Kreis mit $r = 5$ cm. ② passt zum Kreis mit $r = 3$ cm. ③ passt zum Kreis mit $r = 4$ cm.

b) Umfang des Kreises = Länge des Bogens des Kreissektors, also $2\pi r = 2\pi s \cdot \frac{\alpha}{360°}$.

c) ① $A_{\text{Kreis}} \approx 78{,}54$ cm²; $A_{\text{Kreisausschnitt}} \approx 94{,}25$ cm²; $A_O \approx 172{,}79$ cm²
② $A_{\text{Kreis}} \approx 28{,}27$ cm²; $A_{\text{Kreisausschnitt}} \approx 37{,}70$ cm²; $A_O \approx 65{,}97$ cm²
③ $A_{\text{Kreis}} \approx 50{,}27$ cm²; $A_{\text{Kreisausschnitt}} \approx 75{,}40$ cm²; $A_O \approx 125{,}67$ cm²

Basisaufgaben

Seite 57

1 *Mantelflächeninhalt von Kegeln berechnen (aus Mantellinie s und Winkelgröße α bzw. Radius r)*

a) $\approx 75{,}40$ cm² **b)** $\approx 25{,}45$ dm² **c)** $\approx 1{,}11$ m² **d)** $\approx 113{,}10$ cm² **e)** $\approx 21{,}99$ dm² **f)** $\approx 14{,}14$ cm²

Seite 57

2 *Mantel- und Oberflächeninhalt berechnen (r und s gegeben)*
a) $A_M \approx 204{,}20\ cm^2$; $A_O \approx 282{,}74\ cm^2$ **b)** $A_M \approx 31{,}42\ dm^2$; $A_O \approx 43{,}98\ dm^2$ **c)** $A_M \approx 209{,}67\ dm^2$; $A_O \approx 368{,}04\ dm^2$

3 *Mantel- und Oberflächeninhalt berechnen (d und s gegeben)*
a) $A_M \approx 75{,}40\ dm^2$; $A_O \approx 103{,}67\ dm^2$ **b)** $A_M \approx 21{,}99\ cm^2$; $A_O \approx 34{,}56\ cm^2$ **c)** $A_M \approx 5{,}11\ m^2$; $A_O \approx 6{,}43\ m^2$

4 *Mantel- und Oberflächeninhalt berechnen (s und r bzw. d an einer Zeichnung ablesen)*
a) $A_M \approx 47{,}12\ cm^2$; $A_O \approx 75{,}40\ cm^2$ **b)** $A_M \approx 62{,}83\ cm^2$; $A_O \approx 82{,}47\ cm^2$ **c)** $A_M \approx 102{,}10\ cm^2$; $A_O \approx 180{,}64\ cm^2$
d) $A_M \approx 51{,}84\ cm^2$; $A_O \approx 80{,}11\ cm^2$ Lösungswort: EISENACH; Bundesland: Thüringen

5 *Mantellinie s (mit dem Satz des Pythagoras) und Oberflächeninhalt berechnen (r und h gegeben)*
a) $s \approx 4{,}47\ cm$; $A_O \approx 40{,}65\ cm^2$ **b)** $s \approx 7{,}81\ m$; $A_O \approx 201{,}22\ m^2$
c) $s \approx 15{,}62\ dm$; $A_O \approx 1041{,}25\ dm^2$ **d)** $s \approx 18{,}79\ cm$; $A_O \approx 1911{,}44\ cm^2$

6 *Lückentext zu Mantel- und Oberflächeninhalt bei Kegeln ergänzen*
Mantelfläche; Kreis; Oberflächeninhalt; Satz des Pythagoras;

7 *Höhe mit dem Satz des Pythagoras berechnen*
a) $h \approx 4{,}58\ cm$ **b)** $h \approx 10{,}25\ m$ **c)** $h = 16\ dm$ **d)** $h \approx 6{,}54\ cm$
e) Es ist $r > s$, deshalb entsteht kein Kegel! (Beim Satz des Pythagoras ist $h^2 = -8{,}64\ dm^2$.)

8 *Radius, Mantel- und Oberflächeninhalt berechnen (s und h gegeben)*
a) $r = 6\ m$; $A_M \approx 188{,}50\ m^2$; $A_O \approx 301{,}59\ m^2$ **b)** $r = 15\ dm$; $A_M \approx 1178{,}10\ dm^2$; $A_O \approx 1884{,}96\ dm^2$
c) $r \approx 6{,}08\ cm$; $A_M \approx 362{,}92\ cm^2$; $A_O \approx 479{,}05\ cm^2$ **d)** $s = h$ und damit $r = 0\ cm$; es entsteht kein Kegel!

9 *Anwendungsaufgabe: Pappbedarf eines Partyhuts berechnen*
Gegeben: $r = 10\ cm$, $h = 24\ cm$
$s^2 = (10\ cm)^2 + (24\ cm)^2$; $s = 26\ cm$; $A_M \approx 816{,}81\ cm^2$
Der Hut besteht aus mindestens $816{,}81\ cm^2$ Pappe, auch mit Klebelaschen werden es weniger als $1000\ cm^2$ sein.

Weiterführende Aufgaben

Seite 58

10 *Kegel nach Vorlage basteln; Mantel- und Oberflächeninhalt bestimmen*
Zeichen-, Schneide- und Bastelübung $A_M \approx 75{,}40\ cm^2$; $A_O \approx 125{,}66\ cm^2$

11 *Partnerübung: Kegel aus DIN-A4-Blatt herstellen; Oberflächeninhalte untereinander vergleichen*
Man braucht zwei Kreise, der größere für die Mantelfläche. Dabei muss der Winkel α so bestimmt werden, dass der Kreisausschnitt die gleiche Bogenlänge wie der Umfang des kleineren Kreises hat.
Die größte Flächenausnutzung des DIN-A4-Blatts (Oberfläche des Kegels) erreicht man, wenn der Kreis für die Grundfläche in den Ausschnitt des Kreisausschnitts hineinreicht.
Der größtmögliche Kreis für die Mantelfläche entsteht mit dem Radius $s = 10{,}5\ cm$.
Lösungsvorschlag: Grundkreis mit $r = 7{,}9\ cm$; Winkel des Kreisausschnitts: $\alpha \approx 271°$; $A_O \approx 456{,}7\ cm^2$

12 *Anwendungsaufgabe: Papierbedarf für kegelförmige Becher berechnen*
a) $s \approx 8{,}55\ cm$; $A_M \approx 94{,}01\ cm^2$; $94{,}01 \cdot 1{,}15 \approx 108{,}11\ cm^2$
Die Papierfläche eines Bechers mit Klebelaschen ist etwa $108{,}11\ cm^2$ groß.
b) Wenn man nur das benötigte Papier betrachtet, so reicht ein Quadratmeter rein rechnerisch für $10\,000 : 108{,}11 \approx 92{,}50$ Becher. Dabei wird jedoch die besondere Form des Kreisausschnitts nicht beachtet.
Die für die Klebelaschen hinzukommende Fläche vergrößert den Kreisbogen bzw. den Mittelpunktwinkel, deshalb wird hier weiter mit $A_M \approx 108{,}11\ cm^2$ gerechnet.
Aus den bekannten Größen $s \approx 8{,}55\ cm$ und $A_M \approx 108{,}11\ cm^2$ kann man die Winkelgröße α berechnen, um mehr über den Platzbedarf des Kreisausschnitts zu erfahren:
Aus $A_M = \frac{\alpha}{360°} \cdot \pi s^2$, also $108{,}11\ cm^2 = \frac{\alpha}{360°} \cdot \pi \cdot 73{,}1025\ cm^2$ erhält man $\alpha \approx 170°$.
Der Kreisausschnitt ist also etwas kleiner als ein Halbkreis.
Mit $s \approx 8{,}55\ cm$ benötigt man für je zwei Becher einen Kreisausschnitt mit einem Radius von 8,55 cm, also mit einem Durchmesser von 17,1 cm.
Wenn man sich vorstellt, dass für je zwei Becher ein Quadrat mit der Seitenlänge 17,1 cm benötigt wird, so passen auf einen Quadratmeter Papier mit der Seitenlänge $1\ m = 100\ cm$ also 5 Reihen mit je 5,5 Quadraten ($100\ cm : 17{,}1\ cm \approx 5{,}85$). Das sind $5 \times 11 = 55$ Kreisausschnitte. Übrig bleibt ein 15 cm breiter und 100 cm langer Streifen Papier, denn $5 \cdot 17{,}1\ cm = 85\ cm$. Daraus können weitere 5 Becher gefertigt werden, denn $100\ cm : 17{,}1\ cm \approx 5{,}85$. Insgesamt können somit aus einem Quadratmeter Papier etwa 60 Becher gefertigt werden.

Seite 58

13 *Anwendungsaufgabe: Oberflächeninhalt eines Silos, benötigte Farbmenge und Preis berechnen*
a) Zylinder und Kegel
b) Kegel: $s \approx 2{,}69$ m $\quad A_O = A_{Kreis} + A_{M\_Zylinder} + A_{M\_Kegel} \approx 6{,}16\ m^2 + 48{,}38\ m^2 + 11{,}83\ m^2 = 66{,}37\ m^2$
c) $66{,}37\ m^2 : 5\ m^2 \approx 13{,}274$ l Farbe
d) $13{,}274 : 2{,}5 \approx 5{,}3$ — Es werden 6 Farbtöpfe mit je 2,5 l benötigt.
$6 \cdot 21{,}95\ € = 131{,}70\ €$ — Die benötigte Farbe kostet 131,70 €.

14 *funktionale Zusammenhänge zwischen Radius und Flächeninhalt beim Kegel untersuchen*
a) $A_M \approx 75{,}40\ cm^2$; $A_O \approx 103{,}67\ cm^2$
b) $A_M \approx 150{,}80\ cm^2$ — Der Mantelflächeninhalt hat sich ebenfalls verdoppelt.
c) $A_O \approx 263{,}89\ cm^2$ — Der Oberflächeninhalt hat sich mehr als verdoppelt.

15 *funktionale Zusammenhänge zwischen Radius/Mantellinie und Mantelflächeninhalt untersuchen*
A_M wird ...
a) ... halbiert **b)** ... verdoppelt **c)** ... verdreifacht **d)** ... halbiert

16 *Oberflächeninhalt eines Kegels berechnen, der durch Rotation eines Dreiecks entsteht*
$s \approx 9{,}66$ m; $A_G \approx 38{,}48\ m^2$; $A_M \approx 106{,}18\ m^2$; $A_O \approx 144{,}70\ m^2$

Volumen von Pyramide und Kegel

Erforschen und Entdecken

Seite 59

1 *Zusammenhänge zwischen den Volumen von Pyramide und Prisma bzw. Zylinder und Kegel durch Füllübungen erkunden*
a) drei Füllvorgänge; $V_{Pyramide} = \frac{1}{3} V_{Prisma}$ **b)** drei Füllvorgänge; $V_{Kegel} = \frac{1}{3} V_{Zylinder}$

2 *Volumen von Pyramiden durch Vergleich mit einer Pyramide aus Würfeln annähern*
a) nein; Pyramiden sind Spitzkörper. Die „Pyramiden" aus Würfeln steigen in Stufen an.
b) 5
c) 9 kommen dazu, also insgesamt 14
d)

Anzahl Schichten	Anzahl Würfel Pyramide W_P	Anzahl Würfel Quader W_Q	$W_P : W_Q$
2	5	8	5 : 8 = 0,625
3	**14**	**27**	**≈0,519**
4	**30**	64	**≈0,469**
5	**55**	**125**	0,44
6	**91**	**216**	**≈0,421**
7	**140**	**343**	**≈0,408**
8	**204**	**512**	**≈0,398**
9	**285**	**729**	**≈0,391**
10	**385**	**1000**	**0,385**

e) Der Quotient von $W_P : W_Q$ wird immer kleiner. Die Verkleinerung ist nicht proportional, sondern wird von Schritt zu Schritt immer geringer. (Deshalb kann man vermuten, dass sich der Quotient $W_P : W_Q$ einem bestimmten Wert annähert.)

Basisaufgaben

Seite 61

1 *Grundflächeninhalt und Volumen von quadratischen Pyramiden berechnen*
a) $V = 50\ cm^3$ **b)** $A_G = 100\ m^2$; $V = 300\ m^3$ **c)** $A_G = 144\ mm^2$; $V = 720\ mm^3$
d) $A_G = 6{,}25\ m^2$; $V = 9{,}375\ m^3$ **e)** $A_G = 1{,}69\ mm^2$; $V = 10{,}14\ mm^3$ **f)** $A_G = 2500\ m^2$; $V = 100\,000\ m^3$

2 *Volumen quadratischer Pyramiden berechnen*
a) $147\ cm^3$ **b)** $24\ cm^3$ **c)** $132\ m^3$ **d)** $94{,}5\ cm^3$ **e)** $\approx 1241{,}33\ dm^3$
f) $\approx 246{,}55\ dm^3$ **g)** $\approx 0{,}22\ km^3$

3 *Volumen quadratischer Pyramiden berechnen; Maße einer Zeichnung entnehmen*
a) $\approx 41{,}67\ cm^3$ **b)** $\approx 228{,}67\ mm^3$ **c)** $400\ m^3$ **d)** $168{,}75\ m^3$

4 *Anwendungsaufgabe: Volumen einer quadratischen Sandstein-Pyramide berechnen*
Gegeben: $a = 6{,}81$ m; $h = 6{,}05$ m $\quad V \approx 93{,}53\ m^3$

Seite 61

5 *Grundflächeninhalt und Volumen von Kegeln berechnen*

a) $V = 157\ \text{cm}^3$ **b)** $A_G \approx 314{,}16\ \text{m}^2$; $V \approx 942{,}48\ \text{m}^3$
c) $A_G \approx 452{,}39\ \text{mm}^2$; $V \approx 2261{,}95\ \text{mm}^3$ **d)** $A_G \approx 19{,}63\ \text{m}^2$; $V \approx 29{,}45\ \text{m}^3$
e) $A_G \approx 5{,}31\ \text{mm}^2$; $V \approx 31{,}86\ \text{mm}^3$ **f)** $A_G \approx 7853{,}98\ \text{m}^2$; $V \approx 314\,159{,}20\ \text{m}^3$

6 *Volumen von Kegeln berechnen*

a) $\approx 513{,}13\ \text{mm}^3$ **b)** $\approx 527{,}79\ \text{cm}^3$ **c)** $\approx 544{,}74\ \text{dm}^3$ **d)** $\approx 29{,}45\ \text{m}^3$
e) $\approx 11{,}46\ \text{m}^3$ **f)** $\approx 648{,}14\ \text{dm}^3$

7 *Volumen von Kegeln berechnen; Maße einer Zeichnung entnehmen*

a) $\approx 201{,}06\ \text{cm}^3$ **b)** $\approx 45{,}81\ \text{m}^3$ **c)** $\approx 475{,}17\ \text{dm}^3$

8 *Anwendungsaufgabe: Volumen eines kegelförmigen Schütthaufens berechnen*

Gegeben: $a = 6$ m; $h = 7$ m $V \approx 263{,}89\ \text{m}^3$
Der Schütthaufen besteht aus 263,89 m³ Sand.

9 *Volumen verschiedener Körper mit ähnlichen Maßen berechnen und vergleichen*

a) $V_{\text{Zylinder}} \approx 301{,}59\ \text{cm}^3$; $V_{\text{Kegel}} \approx 100{,}53\ \text{cm}^3$ $V_{\text{Kegel}} = \frac{1}{3} V_{\text{Zylinder}}$
b) $V_{\text{Quader}} = 150\ \text{cm}^3$; $V_{\text{Pyramide}} = 50\ \text{cm}^3$ $V_{\text{Pyramide}} = \frac{1}{3} V_{\text{Quader}}$
c) $V_{\text{Würfel}} = 729\ \text{cm}^3$; $V_{\text{Pyramide}} = 243\ \text{cm}^3$ $V_{\text{Pyramide}} = \frac{1}{3} V_{\text{Würfel}}$

Weiterführende Aufgaben

Seite 62

10 *Volumen einer Pyramide mit rechteckiger Grundfläche berechnen*

a) $V = 252\ \text{cm}^3$ **b)** $V = 287{,}68\ \text{mm}^3$

11 *größtmögliche Pyramide aus einem Würfel herausarbeiten, Volumen berechnen*

a) Zeichenübung **b)** $a = 10$ cm; $h = 10$ cm; $V = 333\frac{1}{3}\ \text{cm}^3$ **c)** 3-mal

12 *funktionale Zusammenhänge zwischen Volumen und Längen bei Pyramiden untersuchen*

Volumen der ursprünglichen Pyramide: $V = 100\ \text{cm}^3$
a) $V = 200\ \text{cm}^3$ Das Volumen wird verdoppelt. **b)** $V = 400\ \text{cm}^3$ Das Volumen wird vervierfacht.
c) $V = 50\ \text{cm}^3$ Das Volumen wird halbiert.

13 *Höhe einer Pyramide aus Volumen und Grundkantenlänge ermitteln*

a) $h = 7{,}5$ m **b)** $h = 5$ cm **c)** $h = 18{,}75$ m

14 *fehlende Größen von Pyramiden ermitteln (Grundkante, Höhe, Volumen)*

a) $V = 21\ \text{cm}^3$ **b)** $h = 6$ dm **c)** $h = 2{,}4$ m **d)** $a = 14$ mm **e)** $a = 7{,}5$ cm
Lösungswort: MAINZ; Bundesland: Rheinland-Pfalz

15 *mögliche Seitenlängen und Höhen für ein festes Pyramiden-Volumen angeben*

z. B. $a = 10$ cm und $h = 3$ cm; $a = 5$ cm und $h = 12$ cm; $a = 2$ cm und $h = 75$ cm

16 *Anwendungsaufgabe: Höhe eines Blätterhaufens berechnen*

Gegeben: $a = 2{,}5$ m; $V = 4{,}25\ \text{m}^3$ $4{,}25\ \text{m}^3 = \frac{1}{3} \cdot (2{,}5\ \text{m})^2 \cdot h$; also $h \approx 2{,}21$ m
Der Blätterhaufen ist etwa 2,21 m hoch.

17 *Höhe eines Kegels aus Volumen und Radius ermitteln*

a) $h \approx 5{,}0$ cm **b)** $h \approx 2{,}5$ m **c)** $h \approx 8{,}5$ cm **d)** $h \approx 2{,}8$ mm **e)** $h \approx 17{,}5$ dm

18 *fehlende Größen von Kegeln berechnen (Radius, Höhe, Volumen)*

a) $V \approx 314{,}16\ \text{cm}^3$ **b)** $h \approx 7{,}50$ cm **c)** $h \approx 3{,}32$ cm
d) $r \approx 1{,}86$ dm **e)** $V \approx 32{,}83\ \text{cm}^3$ **f)** $r = 3$ cm

19 *mögliche Seitenlängen und Höhen für ein festes Kegel-Volumen angeben*

z. B. $r = 3$ cm und $h \approx 12{,}73$ cm; $r = 5$ cm und $h \approx 4{,}58$ cm; $r = 10$ cm und $h \approx 1{,}15$ cm

20 *Anwendungsaufgabe: Verpackungshöhe für einen Kegel aus Volumen und Radius ermitteln*

Gegeben: $r = 3{,}5$ cm; $V = 110$ cm3 $110\ \text{cm}^3 = \frac{1}{3} \cdot (3{,}5\ \text{m})^2 \cdot h$; also $h \approx 8{,}57$ cm
Die Verpackung muss mindestens 9 bis 10 cm hoch sein.

Volumen und Oberfläche einer Kugel

Erforschen und Entdecken

Seite 63

1 *Formel für das Volumen einer (Halb-)Kugel entwickeln über Vergleich mit Zylinder und Kegel*
a) Halbkugel, Kegel, Zylinder
b) Zeichenübung nach Darstellung im Buch; Reihenfolge: Kegel, Halbkugel, Zylinder
c) Kegel $V = \frac{1}{3}\pi r^3$; Zylinder $V = \pi r^3$
d) Das Volumen der Halbkugel liegt zwischen den Werten.
Vermutung für das Volumen der Halbkugel: z. B. $V = \frac{2}{3}\pi r^3$, also für die Kugel: $V = \frac{4}{3}\pi r^3$.

2 *Kugel-Volumen experimentell ermitteln über eine Untersuchung der verdrängten Wassermenge*
individuelle Versuchsdurchführung
Für das Volumen der Kugel kann die Formel $V = \frac{4}{3}\pi r^3$ aus Aufgabe 1 d) bestätigt werden.

3 *Oberflächeninhalt einer Kugel erkunden anhand der Herstellungsweise eines Globus*
Rechercheauftrag mit unterschiedlichen Ergebnissen
a) Die Form ist vergleichbar mit dem Querschnitt einer Sammellinse.
b) z. B.: Handkaschierung eines Globus mit $d = 30$ cm, $r = 15$ cm mit 9 Teilen:
$u \approx 94{,}2$ cm; Länge eines Teils: $\frac{u}{2} = 47{,}1$ cm; Breite eines Teils: $\frac{u}{9} \approx 10{,}5$ cm
Abschätzung des Flächeninhalts eines Teils durch eine Raute mit $e = 10{,}5$ cm und $f = 47{,}1$ cm, also $A_R \approx 447{,}8\ \text{cm}^2$

Basisaufgaben

Seite 64

1 *Volumen von Kugeln bei gegebenem Radius berechnen*
a) $\approx 33{,}51\ \text{cm}^3$ **b)** $\approx 2144{,}66\ \text{m}^3$ **c)** $\approx 8181{,}23\ \text{mm}^3$ **d)** $\approx 659{,}58\ \text{cm}^3$ **e)** $\approx 523{,}60\ \text{m}^3$ **f)** $\approx 229{,}85\ \text{dm}^3$

2 *Volumen von Kugeln berechnen; in gegebene Maßeinheit umrechnen*
a) $\approx 1{,}44\ \text{dm}^3$ **b)** $\approx 7{,}24\ \text{cm}^3$ **c)** $\approx 904{,}78\ \text{mm}^3$ **d)** $\approx 659{,}58\ \text{dm}^3$

3 *Vorgehensweise bei der Berechnung einer Halbkugel erläutern*
Man berechnet zuerst das Volumen der vollen Kugel und dividiert dieses durch 2.
Oder: Man passt die Formel entsprechend an.
$V_{\text{Halbkugel}} = \frac{1}{2} \cdot V_{\text{Kugel}} = \frac{1}{2} \cdot \frac{4}{3} \cdot \pi r^3 = \frac{2}{3}\pi r^3$ $\qquad V_{\text{Halbkugel}} \approx 134{,}04\ \text{cm}^3$

4 *Volumen von Kugeln berechnen; dazu Radius aus dem Durchmesser ableiten*
a) $r = 1{,}5$ mm; $V \approx 14{,}14\ \text{mm}^3$ **b)** $r = 2{,}85$ cm; $V \approx 96{,}97\ \text{cm}^3$
c) $r = 0{,}6$ dm; $V \approx 0{,}90\ \text{dm}^3$ **d)** $r = 1$ cm; $V \approx 4{,}19\ \text{cm}^3$

Seite 65

5 *Oberflächeninhalt von Kugeln berechnen*
a) $\approx 113{,}10\ \text{cm}^2$ **b)** $\approx 615{,}75\ \text{m}^2$ **c)** $\approx 1134{,}11\ \text{mm}^2$ **d)** $\approx 824{,}48\ \text{cm}^2$ **e)** $\approx 452{,}39\ \text{m}^2$ **f)** $\approx 66{,}48\ \text{dm}^2$
Lösungswort: LÜBECK; Bundesland: Schleswig-Holstein

6 *Volumen und Oberflächeninhalt eines Golfballs berechnen*
$r = 2{,}1$ cm; $V \approx 38{,}79\ \text{cm}^3$; $A_O \approx 55{,}42\ \text{cm}^2$

7 *Oberflächeninhalt von Kugeln berechnen; in gegebene Maßeinheit umrechnen*
a) $\approx 8{,}04\ \text{dm}^2$ **b)** $\approx 32{,}17\ \text{cm}^2$ **c)** $\approx 62{,}49\ \text{m}^2$ **d)** $\approx 12{,}57\ \text{mm}^2$

Weiterführende Aufgaben

8 *Rechenweg zur Volumenberechnung erläutern (Äquivalenzumformungen angeben)*
z. B.: bekannten Wert für V in Formel zur Volumenberechnung eingesetzt
Äquivalenzumformung $| : \frac{4}{3}$
Äquivalenzumformung $| : \pi$
Äquivalenzumformung | 3. Wurzel ermitteln, um r zu bestimmen

9 *Radien aus gegebenem Kugelvolumen ermitteln*
a) $r \approx 1{,}48$ m **b)** $r \approx 2{,}90$ dm **c)** $r \approx 4{,}35$ cm **d)** $r \approx 10{,}01$ mm **e)** $r \approx 5{,}39$ m **f)** $r \approx 5{,}76$ cm

Seite 65

10 *Anwendungsaufgabe: Preise für Eiskugeln verschiedener Größe vergleichen*
Luigi 60 ct für ≈65,45 cm^3 sind ca. 0,9 ct pro cm^3
Paolo 80 ct für ≈113,10 cm^3 sind ca. 0,7 ct pro cm^3 Paolo ist günstiger.

11 *Berechnung des Radius' aus gegebenem Oberflächeninhalt erklären; berechnen*
Formel für den Oberflächeninhalt einer Kugel aufstellen

$A_O = 4\pi \cdot r^2$ | Wert für A_O einsetzen

$254{,}5\ m^2 = 4\pi \cdot r^2$ | : 4π

$\frac{254{,}5\ m^2}{4\pi} = r^2$ | Quotient berechnen

$20{,}25\ m^2 \approx r^2$ | Quadratwurzel ermitteln

$4{,}5\ m \approx r$

12 *Anwendungsaufgabe: Berechnungen zu A_O und V an einem Wasserball durchführen*
a) $r = 16{,}25$ cm; $A_O \approx 3318{,}31\ cm^2$; $3318{,}31\ cm^2 \cdot 0{,}15 \approx 497{,}75\ cm^2$
Die orangefarbene Fläche ist etwa 498 cm^2 groß.
b) $V \approx 17\,974{,}16\ cm^3 \approx 18\ dm^3 \approx 18\ l$; $18\ l : 3\ l = 6$
Es werden mindestens 6 Atemzüge benötigt, um den Ball aufzublasen.

13 *fehlende Größen von Kugeln berechnen*

	r	d	V	A_O
a)	2 cm	**4 cm**	**≈ 33,51 cm^3**	**≈ 50,27 cm^2**
b)	**3,7 m**	7,4 m	**≈ 21217 m^3**	**≈ 172,03 m^2**
c)	**≈ 6,20 dm**	**≈ 12,40 dm**	998,3 dm^3	**≈ 483,05 dm^2**
d)	**≈ 2,3 m**	**≈ 4,6 m**	**≈ 50,97 m^3**	66,5 m^2
e)	**≈ 0,40 cm**	**≈ 0,80 cm**	**≈ 0,27 cm^3**	2 cm^2
f)	**≈ 0,60 mm**	**≈ 1,20 mm**	0,9 mm^3	**≈ 4,52 mm^2**

14 *Anwendungsaufgabe: Volumina am Beispiel eines Iglus berechnen*
a) $r_i = (4{,}3\ m : 2) - 0{,}5\ m = 1{,}65\ m$; $V_i = \frac{1}{2} \cdot \frac{4}{3} \cdot \pi \cdot (1{,}65\ m)^3 \approx 9{,}41\ m^3$
b) $r_a = 4{,}3\ m : 2 = 2{,}15\ m$; $V_a = \frac{1}{2} \cdot \frac{4}{3} \cdot \pi \cdot (2{,}15\ m)^3 \approx 20{,}81\ m^3$; $V = V_a - V_i \approx 11{,}40\ m^3$

Thema: Die Pyramiden von Gizeh

Seite 66

1 *maßstäbliches Schrägbild einer Pyramide nach Quellenangaben anfertigen*
Zeichenübung; ursprüngliche Längen: $a \approx 230{,}15$ m und $h \approx 146{,}44$ m
nach Maßstabsangabe im Buch: $a \approx 11{,}5$ cm; $h \approx 7{,}3$ cm bzw. $a \approx 11{,}25$ cm; $h \approx 6{,}9$ cm

2 *Volumenänderung einer Pyramide berechnen*
früher: $V \approx 2\,585\,595\ m^3$; heute: $V \approx 2\,337\,188\ m^3$
Verlust: ca. 248 407 m^3, also etwa 9,6 %

3 *Volumenangaben derselben Pyramide vergleichen und Hohlräume bestimmen*
möglich; Hohlräume ca. 85 595 m^3

Seite 67

4 *Volumen einer Pyramide mit dem einer Mauer vergleichen*
$V = 4 \cdot 742\,630\ m \cdot 3\ m \cdot 0{,}3\ m - 1\ m^3 = 2\,673\,467\ m^3$ (1 m^3 Abzug wegen „Überlappungen" an den Ecken), das sind 87 873 m^3 mehr. Der Vergleich erscheint etwas übertrieben.

5 *maßstäbliche Modelle von Pyramiden anfertigen*
Zeichen- und Bastelübung mit folgenden Maßen:

	Grundfläche	Höhe	Seitenfläche
Cheops-Pyramide	$a \approx 9{,}2$ cm	$h \approx 5{,}9$ cm	$s \approx 8{,}75$ cm
Chefren-Pyramide	$a = 8{,}4$ cm	$h \approx 5{,}7$ cm	$s \approx 8{,}25$ cm
Mykerinos-Pyramide	$a \approx 4{,}3$ cm	$h \approx 2{,}5$ cm	$s \approx 3{,}95$ cm

6 *Volumen von Pyramiden berechnen*
Chefren-Pyramide: $V \approx 2\,109\,450\ m^3$; Mykerinos-Pyramide: $V \approx 244\,000\ m^3$

Seite 67

7 *Masse von Pyramiden bestimmen und vergleichen*
Chefren-Pyramide: $\varrho \approx 2{,}456$ g pro cm^3;   Mykerinos-Pyramide: $\varrho \approx 2{,}336$ g pro cm^3
Man kann von annähernd gleichem Material sprechen.

8 *eigene Aufgaben zum Thema Pyramiden entwickeln*
individuell verschieden

Thema: Projektionen

Seite 68

1 *Zweitafelprojektion mit eigenen Worten beschreiben*

a) z. B.: Man hat das Gebäude von vorne und oben mit Licht bestrahlt und jeweils den Schattenriss gezeichnet.
Oder: Man hat das Gebäude so dargestellt, wie man es von vorne und oben sehen würde.

b) ① von vorne; ② von oben

c) Höhe h; Breite b, Länge l

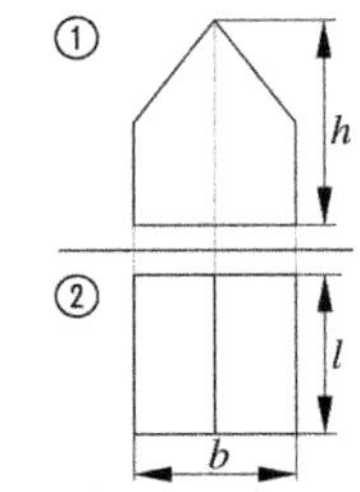

Seite 69

2 *Darstellung eines Körpers als Zweitafelprojektion interpretieren*

a) Es ist eine Pyramide mit rechteckiger Grundfläche.

b) Zeichenübung; Original 1,8 cm lang, 1,1 cm breit und 1,4 cm hoch;
Empfehlung: Maßstab 5:1 verwenden, d.h. 9 cm; 5,5 cm und 7 cm zeichnen

3 *Zweitafelprojektionen vergleichen*

a) Pyramiden sind in ② und ⑤ dargestellt, ein Kegel in ①.   **b)** ③ stellt einen Zylinder dar, ④ ein Dreiecksprisma.

c) Zeichenübung; Original mit Durchmesser und Höhe 1,2 cm
Empfehlung: Maßstab 5:1 verwenden, d.h. jeweils 6 cm zeichnen

4 *Zweitafelprojektionen zu gegebenen Schrägbildern anfertigen*

Grundriss in c) ist ein regelmäßiges Fünfeck, d.h. alle Innenwinkel sind 108° groß und alle Seiten 2 cm lang.

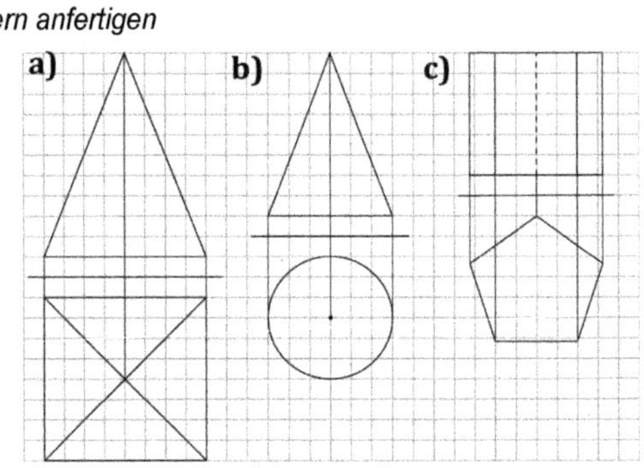

5 *Zweitafelprojektionen von Kugeln beschreiben*
Egal wie man auf die Kugel schaut, die Projektion ist immer ein Kreis mit dem Radius der Kugel. Daher ist eine Zweitafelprojektion nicht sinnvoll. Allein der Radius reicht aus, um eine Vorstellung von der Kugel zu bekommen.

6 *Zweitafelprojektionen von Kegel und Pyramide anfertigen*

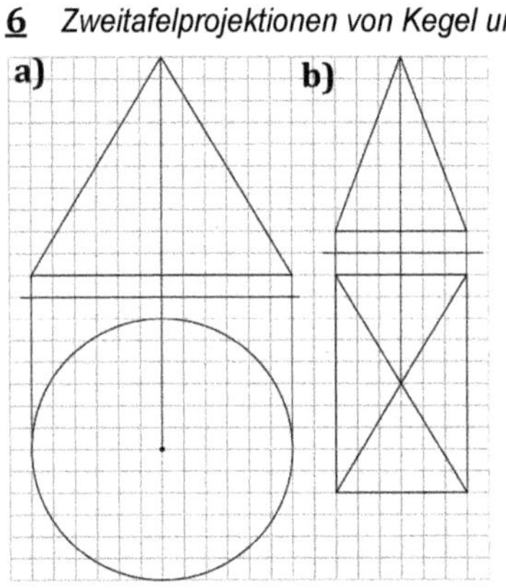

Seite 69

7 *Zweitafelprojektion und Schrägbild eines zusammengesetzten Körpers*

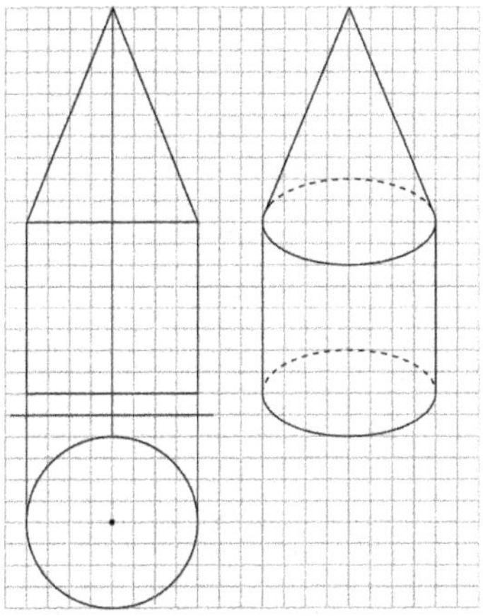

Vermischte Übungen

Seite 70

1 *Oberflächeninhalt aus Grundflächen- und Mantelflächeninhalt verschiedener Körper berechnen*
Bei Zylinder und Prisma muss man zweimal den Grundflächeninhalt betrachten, bei Pyramide und Kegel nur einmal.
a) $A_O = 29\ \text{cm}^2$ **b)** $A_O = 48\ \text{mm}^2$ **c)** $A_O = 40\ \text{m}^2$ **d)** $A_O = 100\ \text{dm}^2$

2 *fehlende Größen von Pyramiden berechnen (A_G; h; V)*
a) $V = 16\ \text{cm}^3$ **b)** $V = \frac{17}{3}\ \text{cm}^3$ **c)** $h = 30\ \text{dm}$ **d)** $h = 15\ \text{cm}$ **e)** $A_G = 27\ \text{m}^2$ **f)** $A_G = 30\ \text{cm}^2$

3 *Oberflächeninhalt von Pyramide und Kegel berechnen*
a) $A_O = 28{,}75\ \text{cm}^2$ **b)** $A_O \approx 69{,}12\ \text{cm}^2$

4 *fehlende Größen von Kegeln berechnen (r; h; V)*
a) $V \approx 183{,}26\ \text{cm}^3$ **b)** $V \approx 100{,}53\ \text{dm}^3$ **c)** $h \approx 24{,}00\ \text{m}$ **d)** $r \approx 5{,}20\ \text{m}$

5 *Volumen verschiedener Körper berechnen (Pyramide, Kegel, Kugel)*
a) $V = 32\ \text{cm}^3$ **b)** $V = 1{,}44\ \text{m}^3$ **c)** $V \approx 169{,}65\ \text{cm}^3$ **d)** $V \approx 785{,}40\ \text{m}^3$
e) $V \approx 3053{,}63\ \text{cm}^3$ **f)** $V \approx 82{,}45\ \text{mm}^3$
Lösungswort: WISMAR; Bundesland: Mecklenburg-Vorpommern

6 *zu gegebenem Volumen für verschiedene Körper mögliche Maße angeben*
Kegel z. B.: $r = 10\ \text{cm}$ und $h \approx 47{,}75\ \text{cm}$; $r = 30\ \text{cm}$ und $h \approx 5{,}31\ \text{cm}$
quadratische Pyramide z. B.: $a = 20\ \text{cm}$ und $h = 37{,}5\ \text{cm}$; $a = 50\ \text{cm}$ und $h = 6\ \text{cm}$
Kugel: $r \approx 10{,}61\ \text{cm}$ (nur eine Lösung möglich)

7 *Volumen und Oberflächeninhalt verschiedender Körper berechnen und der Größe nach ordnen*
a) A_{O_Kegel} ($\approx 301{,}59\ \text{cm}^2$) $< A_{O\_Zylinder}$ ($\approx 351{,}86\ \text{cm}^2$) $< A_{O\_Pyramide}$ ($= 360\ \text{cm}^2$) $< A_{O\_Kugel}$ ($\approx 380{,}13\ \text{cm}^2$) $< A_{O\_Würfel}$ ($= 384\ \text{cm}^2$)
b) V_{Kegel} ($\approx 301{,}59\ \text{cm}^3$) $< V_{Pyramide}$ ($= 400\ \text{cm}^3$) $< V_{Zylinder}$ ($\approx 502{,}65\ \text{cm}^3$) $< V_{Würfel}$ ($= 512\ \text{cm}^3$) $< V_{Kugel}$ ($\approx 696{,}91\ \text{cm}^3$)

8 *Anwendungsaufgabe: Volumen und Masse einer Sandsteinpyramide berechnen*
a) $V = 3{,}519\ \text{m}^3 = 3519\ \text{dm}^3$ **b)** $m = 9149{,}4\ \text{kg} \approx 9{,}15\ \text{t}$

9 *Formeln und Körper einander zuordnen*

<table>
<tr><th></th><th>Zylinder</th><th>quadrat. Pyramide</th><th>Kegel</th><th>Kugel</th></tr>
<tr><td>Mantelflächeninhalt</td><td>$A_M = 2 \cdot \pi \cdot r \cdot h$</td><td>$A_M = 2 \cdot a \cdot h_a$</td><td>$A_M = \pi \cdot r \cdot s$</td><td rowspan="2">$A_O = 4 \cdot \pi \cdot r^2$</td></tr>
<tr><td>Oberflächeninhalt</td><td>$A_O = 2 \cdot \pi \cdot r \cdot (r + h)$</td><td>$A_O = 2 \cdot a \cdot h_a + a^2$</td><td>$A_O = \pi \cdot r \cdot (r + s)$</td></tr>
<tr><td>Volumen</td><td>$V = \pi \cdot r^2 \cdot h$</td><td>$V = \frac{1}{3} \cdot a^2 \cdot h$</td><td>$V = \frac{1}{3} \cdot \pi \cdot r^2 \cdot h$</td><td>$V = \frac{4}{3} \cdot \pi \cdot r^3$</td></tr>
</table>

Seite 71

10 *Anwendungsaufgabe: Mantellinie (über Pythagoras) und Oberflächeninhalt einer Boje berechnen*

a) $h_{Kegel} = 0{,}8$ m; $r = 0{,}35$ m; Ansatz (für eine Bojenhälfte): $s^2 = h_{Kegel}^2 + r^2$; $s \approx 0{,}87$ m
Von einem zum anderen Ende ist die Mantellinie der Boje etwas 1,74 m lang.

b) $A_{Boje} = 2 \cdot A_M \approx 2 \cdot 0{,}96\ m^2 = 1{,}92\ m^2$ Es müssen etwa 1,92 m² gestrichen werden.

11 *Volumen einfacher zusammengesetzter Körper berechnen*

a) ① Würfel ($a = 4$ cm) und quadratische Pyramide ($a = 4$ cm; $h = 6$ cm)
② Zylinder ($r = 3$ cm; $h = 5$ cm) und Halbkugel ($r = 3$ cm)

b) ① $V = 96\ cm^3$; ② $V \approx 197{,}92\ cm^3$

12 *Volumen einfacher zusammengesetzter Körper berechnen*

a) $400{,}00\ cm^3 + 366{,}67\ cm^3 = 766{,}67\ cm^3$
b) $2000{,}00\ cm^3 + 2666{,}67\ cm^3 = 4666{,}67\ cm^3$
c) $414{,}69\ cm^3 + 452{,}40\ cm^3 = 867{,}09\ cm^3$
d) $5654{,}87\ cm^3 + 12061{,}59\ cm^3 = 17671{,}46\ cm^3$

13 *Anwendungsaufgabe: Oberflächeninhalt und Volumen der Lunge berechnen*

a) Oberflächeninhalt eines Lungenbläschens mit $r = 0{,}0925$ mm:
$A_O \approx 0{,}1075\ mm^2 = 0{,}001\,075\ cm^2 = 0{,}000\,000\,107\,5\ m^2$
$A_{O\_gesamt} \approx 0{,}000\,000\,107\,5\ m^2 \cdot 850\,000\,000 = 91{,}375\ m^2$
Die innere Lungenoberfläche ist etwa 91,375 m² groß.

b) Volumen eines Lungenbläschens: $\approx 0{,}003\,3\ mm^3 = 0{,}000\,003\,3\ cm^3 = 0{,}000\,000\,003\,3\ l$
$V_{gesamt} \approx 0{,}000\,000\,003\,3\ l \cdot 850\,000\,000 = 2{,}805\ l$
Das Lungenvolumen beträgt etwa 2,805 l.

14 *Anwendung: Volumen und Masse einer Pyramide berechnen, die aus einem Quader entsteht*

a) $\approx 5{,}14\ m^3$ **b)** $\approx 13{,}37$ t **c)** doppelt so viel Abfall, also ca. 26,74 t

15 *Anwendungsaufgabe: Glasfläche einer „geteilten" Pyramide berechnen*

$A_{Glas} = A_M + 2 \cdot A_{Fläche\_Durchgang} = 4 \cdot \frac{8\ m \cdot 11\ m}{2} + 2 \cdot \frac{11{,}3\ m \cdot 10\ m}{2} = 176\ m^2 + 113\ m^2 = 289\ m^2$
Es wurden etwa 289 m² Glas verbaut.

Seite 72

Im Heißluftballon

a) $V \approx 7238{,}23\ m^3$ Der Ballon hat ein Volumen von etwa 7238 m³.

b) $A_O \approx 1809{,}56\ m^2$ Es wurden mindestens etwa 1810 m² Nylon benötigt.

c) $r \approx 8{,}95$ m Der Radius sollte mindestens etwa 9 Meter betragen.

d) $V_{Halbkugel} \approx 3185{,}31\ m^3$; $V_{Kegel} \approx 2285{,}12\ m^3$; $V \approx 5470{,}43\ m^3$
Der aus Halbkugel und Kegel bestehende Ballon hat ein Volumen von etwa 5470 m³.

e) $A_{O\_Halbkugel} \approx 830{,}95\ m^2$; $(s_{Kegel})^2 = (r_{Kegel})^2 + (h_{Kegel})^2 = (11{,}5\ m)^2 + (16{,}5\ m)^2$;
$s_{Kegel} \approx 20{,}11$ m; $A_{M\_Kegel} \approx 726{,}54\ m^2$; $A_O = A_{O\_Halbkugel} + A_{M\_Kegel} \approx 1557{,}49\ m^2$
Es wurden mindestens etwa 1557 m² Nylon benötigt.

f) **Variante 1** (Kugelform als Annäherung an die Ballonform, $r = 10{,}5$ m):
$V \approx 4849{,}05\ m^3$; $4849{,}05\ m^3 : 5500\ m^3 \cdot 960\ kg \approx 846{,}16\ kg$
Die Tragfähigkeit würde ca. 846 kg betragen. (Bis zu 10 Personen dürften mitfahren.)
Variante 2 (Halbkugel- und Kegelform als Annäherung an die Ballonform):
Da die Höhe der oberen Halbkugel gleich dem Radius von 10,5 m ist, beträgt die Höhe des Kegels 13,5 m (bei einer Gesamthöhe von 24 m).
$V_{Halbkugel} \approx 2424{,}52\ m^3$; $V_{Kegel} \approx 1558{,}62\ m^3$; $V \approx 3983{,}14\ m^3$
$3983{,}14\ m^3 : 5500\ m^3 \cdot 960\ kg \approx 695{,}06\ kg$
Die Tragfähigkeit würde ca. 695 kg betragen. (Es dürften bis zu 8 Personen mitfahren.)

g) Bewertung individuell; Annäherung durch Halbkugel und Kegel erscheint realistischer.

Quadratische Funktionen

Noch fit?

Seite 76

1 *Zahlen im Kopf quadrieren, einfache Berechnungen mit Quadraten ausführen*

a) 25 **b)** 100 **c)** 121 **d)** 9 **e)** 900 **f)** 0,09 **g)** $\frac{1}{9}$ **h)** 9

i) −9 **j)** −9 **k)** 64 **l)** 67 **m)** 55 **n)** 128 **o)** 32

2 *Quadratwurzeln im Kopf berechnen*

a) 2 **b)** 4 **c)** 7 **d)** 12 **e)** 1,5 **f)** $\frac{2}{3}$ **g)** 100

3 *für Funktionen Wertetabellen anlegen, Graphen zeichnen, Schnittpunkte mit den Achsen angeben*

	x	−3	−2	−1	0	1	2	3
a)	$f(x)$	−11	−8	−5	−2	1	4	7
b)	$g(x)$	6,25	5,5	4,75	4	3,25	2,5	1,75
c)	$h(x)$	2	1	0	−1	−2	−3	−4
d)	$i(x)$	0	$\frac{2}{3}$	$\frac{4}{3}$	2	$\frac{8}{3}$	$\frac{10}{3}$	4

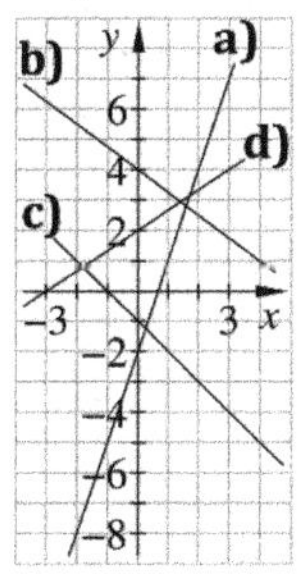

Schnittpunkte mit den Koordinatenachsen:

a) $\left(\frac{2}{3}\middle|0\right)$ und $(0\,|-2)$ **b)** $\left(\frac{16}{3}\middle|0\right)$ und $(0\,|\,4)$

c) $(-1\,|\,0)$ und $(0\,|-1)$ **d)** $(-3\,|\,0)$ und $(0\,|\,2)$

4 *Bedeutung von a und b bei linearen Funktionen erläutern; Graphen zeichnen (Steigungsdreieck)*

a) a steht für die Steigung.
$a > 0$ bedeutet steigend,
$a < 0$ bedeutet fallend.
b wird y-Achsenabschnitt genannt.
Die y-Achse wird bei $(0\,|\,b)$ geschnitten.

b)

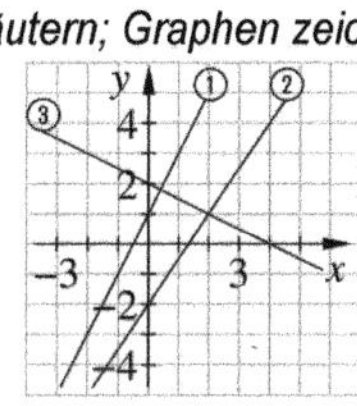

c) ① $f(x) = 2x + 1$
② $f(x) = 1{,}5x - 2$
③ $f(x) = -\frac{1}{2}x + 2$

5 *Funktionsgleichungen linearer Funktionen aus deren Graphen ablesen*

$f(x) = 2x + 3$ $g(x) = \frac{1}{2}x - 1$ $h(x) = -0{,}5x + 1{,}5$ $i(x) = -1{,}5x + 6$

6 *lineare Gleichungen lösen*

a) $x = 10$ **b)** $x = 10$ **c)** $x = 1{,}5$ **d)** $x = -1{,}6$ **e)** $x = 24$

7 *Summen multiplizieren*

a) $xy + 5x + 2y + 10$ **b)** $ab - 4a + 3b - 12$ **c)** $8v + vw - 48 - 6w$ **d)** $63 - 7t - 9s + st$

Bunt gemischt

1. ≈ 50,27 cm²
2. Ansatz: $c^2 = a^2 + b^2 = 144\text{ cm}^2 + 25\text{ cm}^2 = 169\text{ cm}^2$; $c = 13$ cm
3. Ansatz: $d^2 = a^2 + b^2 = 36\text{ cm}^2 + 64\text{ cm}^2 = 100\text{ cm}^2$; $d = 10$ cm
4. 8 cm³; 24 cm²

Binomische Formeln

Erforschen und Entdecken

Seite 77

1 *erste binomische Formel über Darstellung von Flächenberechnung erarbeiten*

a)

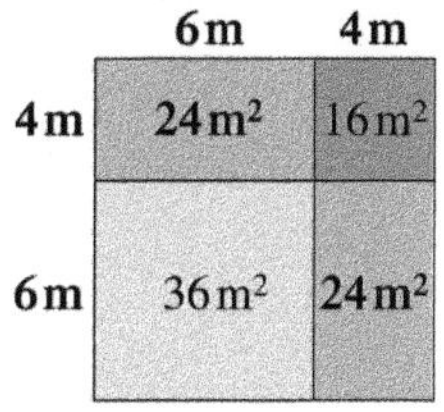

Die Seitenlängen der einzelnen Flächen in Figur 1 betragen 4 m und 6 m.
Die beiden Flächen ohne Angabe des Flächeninhalts sind jeweils 4 m mal 6 m, also 24 m² groß.
$36\text{ m}^2 + 16\text{ m}^2 + 2 \cdot 24\text{ m}^2 = 100\text{ m}^2$
Der Flächeninhalt von Figur 1 beträgt 100 m².

b) $(a + b)^2 = a^2 + 2ab + b^2 = a\,(a + b) + b\,(a + b)$

c) Zeichenübung
$x^2 + 2x + 2x + 2^2 = x^2 + 4x + 4 = (x + 2)^2$

Seite 77

2 *zweite binomische Formel über Darstellung von Flächenberechnung erarbeiten*

a) $a - b\ (= 5 - 2 = 3)$ berechnen und dann 3 quadrieren

b) Ja, er hat Recht, denn die Seiten des Quadrats haben die Länge $a - b$.

c) a^2 ist das große Quadrat; b^2 ist ein kleines Quadrat oben rechts (nicht eingezeichnet); $a\,b$ sind weiße Rechtecke, die sich bei b^2 überlappen. Nach zweimaligem Subtrahieren von $a\,b$ muss deshalb b^2 wieder addiert werden.

3 *binomische Formeln als Rechenhilfe nutzen*

$21^2 = (20 + 1)^2 = (20 + 1) \cdot (20 + 1) = 20^2 + 20 + 20 + 1^2 = 400 + 40 + 1 = 441$
$31^2 = (30 + 1)^2 = (30 + 1) \cdot (30 + 1) = 30^2 + 30 + 30 + 1^2 = 900 + 60 + 1 = 961$
$62^2 = (60 + 2)^2 = (60 + 2) \cdot (60 + 2) = 60^2 + 120 + 120 + 2^2 = 3600 + 240 + 4 = 3844$
Man schreibt die Zahl als Summe aus einer Zehnerzahl und einer möglichst kleinen einstelligen Zahl und quadriert dann die entstandene Summe. Das funktioniert besonders gut bei Zahlen, die auf 1 oder 2 enden.

$29^2 = (30 - 1)^2 = (30 - 1) \cdot (30 - 1) = 30^2 - 30 - 30 + 1^2 = 900 - 60 + 1 = 841$
$39^2 = (40 - 1)^2 = (40 - 1) \cdot (40 - 1) = 40^2 - 40 - 40 + 1^2 = 1600 - 80 + 1 = 1521$
$68^2 = (70 - 2)^2 = (70 - 2) \cdot (70 - 2) = 70^2 - 140 - 140 + 2^2 = 4900 - 280 + 4 = 4624$
Man schreibt die Zahl als Differenz aus einer Zehnerzahl und einer möglichst kleinen einstelligen Zahl und quadriert dann die entstandene Differenz. Das funktioniert gut bei Zahlen, die auf 9 oder 8 enden.

$29 \cdot 31 = (30 - 1) \cdot (30 + 1) = 30^2 + 30 - 30 - 1^2 = 900 - 1 = 899$
$41 \cdot 39 = (40 + 1) \cdot (40 - 1) = 40^2 - 40 + 40 - 1^2 = 1600 - 1 = 1599$
$2{,}1 \cdot 1{,}9 = (2 + 0{,}1) \cdot (2 - 0{,}1) = 2^2 - 0{,}2 + 0{,}2 - 0{,}1^2 = 4 - 0{,}01 = 3{,}99$
Man schreibt die beiden Faktoren als Summe bzw. Differenz, wobei der erste Summand und der Minuend gleich sind. Das funktioniert besonders gut bei Zahlen, die von einer „Mittelzahl“ nach oben und unten um den gleichen Betrag abweichen. Sowohl die Mittelzahl als auch der Betrag der Abweichung sollte sich leicht im Kopf quadrieren lassen.

Basisaufgaben

Seite 78

1 *erste binomische Formel anwenden*

a) $v^2 + 2vw + w^2$ **b)** $r^2 + 2rs + s^2$ **c)** $p^2 + 2pq + q^2$
d) $16 + 8y + y^2$ **e)** $4 + 4f + f^2$ **f)** $a^2 + 10a + 25$

2 *zweite binomische Formel anwenden*

a) $y^2 - 2yz + z^2$ **b)** $t^2 - 2tr + r^2$ **c)** $m^2 - 2mn + n^2$
d) $x^2 - 24x + 144$ **e)** $121 - 22y + y^2$ **f)** $y^2 - 6y + 9$

3 *dritte binomische Formel anwenden*

a) $a^2 - b^2$ **b)** $z^2 - v^2$ **c)** $d^2 - 81$ **d)** $36 - b^2$

4 *Quadratzahlen von 1 bis 20 notieren und auswendig lernen*

Einprägeübung

5 *prüfen, ob die binomischen Formeln korrekt angewendet wurde; ggfs. korrigieren*

a) $36 + \mathbf{12}x + x^2$ **b)** richtig **c)** $81 \mathbf{-} u^2$ (ein Term war zu viel)
d) $100 - 80x \mathbf{+} 16x^2$ **e)** richtig **f)** richtig

6 *Vorzeichen bei Umformungen gemäß der binomischen Formeln ergänzen*

a) +; + (1. B.F.) **b)** − (2. B.F.) **c)** +; − (oder −; +) (3. B.F.)
d) −; + (2. B.F.) **e)** +; − (oder −; +) (3. B.F.) **f)** −; + (2. B.F.)

Seite 79

7 *Terme gemäß der binomischen Formeln ergänzen*

a) c^2 **b)** x^2 **c)** m^2 **d)** a^2; 4 **e)** $4x$ **f)** $8y$ **g)** 36

8 *Terme mit und ohne Klammern gemäß der binomischen Formeln einander zuordnen*

$(4 + x)^2 = 16 + 8x + x^2$ $(y - 4)^2 = y^2 - 8y + 16$
$(x - 4y)^2 = x^2 - 8xy + 16y^2$ $(4x + y)^2 = 16x^2 + 8xy + y^2$
$(4 - y)^2 = 16 - 8y + y^2$ $(x + 4y)^2 = x^2 + 8xy + 16y^2$

9 *binomische Formeln anwenden*

a) $u^2 + 14u + 49$ **b)** $64 + 16t + t^2$ **c)** $169 + 26s + s^2$ **d)** $25 - 10t + t^2$ **e)** $t^2 - 2tu + u^2$
f) $b^2 - 8b + 16$ **g)** $x^2 - 4$ **h)** $a^2 - 9$ **i)** $y^2 - z^2$ **j)** $64 - a^2$

Seite 79

10 *passende Umformung nach der ersten binomischen Formel zuordnen und ergänzen*
① c) $(c+12d)^2$ ② d) $(c+d)^2$ ③ e) $(c+7d)^2$ ④ b) $(c+6d)^2$ ⑤ f) $(c+15)^2$ ⑥ a) $(c+14d)^2$

11 *Argumentationsübung zur Schreibweise der dritten binomischen Formel*
Beide Formeln sind gültig, weil die Multiplikation kommutativ ist.

12 *Argumentationsübung zur Anwendung der dritten binomischen Formel*
Ja, denn in der ersten Klammer gilt das Kommutativgesetz $(a+7=7+a)$, sodass der Term in der Form $(7+a)\cdot(7-a)$ die 3. binomische Formel erfüllt.

13 *Fehler in Termumformungen mit Hilfe der binomischen Formeln korrigieren*
a) $x^2-2ax+a^2$ **b)** $4x^2-\mathbf{16}x+16$ **c)** $\mathbf{9}a^2+30ab+25b^2$
d) $4x^2-y^2$ **e)** $121-\mathbf{88}x+16x^2$ **f)** $25g^2+30gh+9h^2$

14 *Terme in Umformungen nach den binomischen Formeln ergänzen (mit Dezimalbrüchen)*
a) ab **b)** $0{,}49r^2$; 225 **c)** 25; $3{,}24x^2$ **d)** $2{,}8ps$ **e)** $5{,}29a^2$; $2{,}76a$ **f)** $4{,}5y$; 6,25

15 *binomische Formeln anwenden (Summanden mit Koeffizienten)*
a) $4x^2+12x+9$ **b)** $9x^2-12x+4$ **c)** $16x^2-24x+9$ **d)** $9x^2-1$ **e)** $25-4x^2$
f) $49x^2-28x+4$ **g)** $4x^2-4y^2$ **h)** x^2-64y^2 **i)** $25x^2+70xy+49y^2$ **j)** $36e^2-84ef+49f^2$

Weiterführende Aufgaben

16 *dritte binomische Formel als Rechenhilfe nutzen; Vorgehensweise erklären*
a) Das Produkt wird in die Form der dritten binomischen Formel gebracht, indem ein Faktor als Summe und der andere als Differenz (mit den gleichen Zahlen) dargestellt werden. Dann wird die Formel angewandt.
b) ① $50^2-4^2=2484$ ② $70^2-2^2=4896$ ③ $80^2-5^2=6375$ ④ $100^2-2^2=9996$
⑤ $50^2-5^2=2475$ ⑥ $200^2-4^2=39\,984$

17 *erste und zweite binomische Formel als Rechenhilfe nutzen; Rechenwege vergleichen*
a) $(30+1)^2=900+60+1=961$
b) $(30-2)^2=900-120+4=784$
c) $(30+4)^2=900+240+16=1156$
d) $(60+3)^2=3600+360+9=3969$
e) $(50-3)^2=2500-300+9=2209$
f) $(100-2)^2=10\,000-400+4=9604$
g) $(200+5)^2=40\,000+2000+25=42\,025$
h) $(400-6)^2=160\,000-4800+36=155\,236$

Mögliche Rechenwege:
1) Man stellt die zu quadrierende Zahl als Summe einer Zehnerzahl und einer (möglichst kleinen) einstelligen Zahl dar; z.B. $50+1$.
2) Man stellt die Zahl als Differenz aus einer Zehnerzahl und einer (möglichst kleinen) einstelligen Zahl dar; z.B. $50-1$.

Seite 80

18 *Verbindung zwischen binomischen Formeln und Multiplikation von Summen erklären*
Erklärungs- und Präsentationsauftrag; Das Potenzieren ist die Abkürzung der Multiplikation mit gleichen Faktoren. Dies trifft hier zu. Die Faktoren sind gleiche Summen oder gleiche Differenzen.

19 *Rechentrick: Quadrate von Zahlen mit einer 5 hinter dem Komma berechnen*
a) Tim multipliziert die beiden benachbarten natürlichen Zahlen von 3,5 miteinander (also $3\cdot4$) und addiert das Quadrat von 0,5 (also + 0,25). Dass dies funktioniert, kann man sich so herleiten:
Man schreibt 3,5 als Summe $3+0{,}5$. Dann wendet man die erste binomische Formel an:
$3{,}5^2=(3+0{,}5)^2=3^2+2\cdot3\cdot0{,}5+0{,}5^2$
Man stellt den mittleren Summanden um und erhält den Faktor 1, der weggelassen werden kann:
$3^2+\mathbf{2\cdot3\cdot0{,}5}+0{,}5^2=3^2+\mathbf{(2\cdot0{,}5)\cdot3}+0{,}5^2=3^2+\mathbf{1\cdot3}+0{,}5^2=3^2+\mathbf{3}+0{,}5^2$
Aus den ersten beiden Summanden lässt sich nun der gemeinsame Faktor 3 ausklammern:
$\mathbf{3^2+3}+0{,}5^2=\mathbf{3\cdot(3+1)}+0{,}25=\mathbf{3\cdot4}+0{,}25$
b) Man muss jeweils die beiden benachbarten natürlichen Zahlen der Zahl multiplizieren und dazu 0,25 addieren. z.B. $1{,}5^2=1\cdot2+0{,}25=2{,}25$.
① 2,25; ② 6,25; ③ 20,25; ④ 30,25; ⑤ 42,25; ⑥ 56,25; ⑦ 72,25; ⑧ 90,25
c) Jeden Dezimalbruch der Form n,5 kann man schreiben als Summe aus der natürlichen Zahl n und 0,5. Wird diese Summe $(n+0{,}5)$ quadriert, so kann man die erste binomische Formel anwenden. Dann fasst man zusammen. Schließlich kann man aus den ersten beiden Summanden n ausklammern.

20 *Sachaufgabe: Grundstücksgrößen (mit Hilfe der dritten binomischen Formel) berechnen*
$A_{\text{alt}}=a^2$; a steht für die Seitenlänge des quadratischen Grundstücks
$A_{\text{neu}}=(a-5)\cdot(a+5)=a^2-25<a^2$
Das neue Grundstück ist 25 m² kleiner als vorher, also ist der Tausch nicht fair.

Seite 80

21 *binomische Formeln anwenden (mit Dezimalbrüchen und Brüchen)*

a) $4a^2 + 2{,}4a + 0{,}36$ **b)** $4y^2 - 0{,}09$ **c)** $0{,}25a^2 + 1{,}7a + 2{,}89$ **d)** $9b^2 - 2b + \frac{1}{9}$

e) $\frac{9}{64}g^2 - \frac{3}{5}g + \frac{16}{25}$ **f)** $\frac{16}{81} - 16x^2$ **g)** $4x^2 + 14xy + 12{,}25y^2$ **h)** $\frac{36}{49}z^2 - \frac{9}{64}w^2$

22 *Summen und Differenzen von quadrierten Zahlen nochmals quadrieren*

a) $a^4 + 2a^2 + 1$ **b)** $z^4 - 4z^2 + 4$ **c)** $x^4 - 2x^2y^2 + y^4$

d) $36f^4 + 108f^2b + 81b^2$ **e)** $81n^4 - 54n^2 + 9$ **f)** $16x^4 - 72x^2 + 81$

23 *Produkt aus Vorgänger und Nachfolger einer Zahl mit Hilfe eines Terms berechnen*

a) z.B.: 1) $x = 9$; $x^2 = 9^2 = 81$; Produkt aus Nachfolger und Vorgänger: $10 \cdot 8 = 80$
2) $x = 17$; $x^2 = 17^2 = 289$; Produkt aus Nachfolger und Vorgänger: $18 \cdot 16 = 288$
3) $x = 44$; $x^2 = 44^2 = 1936$; Produkt aus Nachfolger und Vorgänger: $45 \cdot 43 = 1935$
Das Produkt aus Nachfolger und Vorgänger ist stets um 1 kleiner als das Quadrat der gedachten Zahl.

b) $(x - 1) \cdot (x + 1) = x^2 - 1$

c) Der Term in b) beschreibt genau die Beobachtung, die in a) gemacht wurde:
Das Produkt aus Vorgänger und Nachfolger einer Zahl x ist um 1 kleiner als das Quadrat der Zahl x.

24 *mehrere Klammern auflösen und zusammenfassen*

a) $33 + 3x - x^2$ **b)** $18x + 3x^2 + 16$ **c)** $9x + x^2 + 2xy + y^2 + 24 + 4y$ **d)** $25 + 7y + 4xy + 4y^2$

25 *fehlerhafte Umformungen korrigieren, sodass es sich um binomische Formeln handelt*

a) $64 + \mathbf{80}x + 25x^2 = (8 + 5x)^2$ **b)** $y^2 - \mathbf{26}yz + 169z^2 = (y - 13z)^2$

c) $2{,}25a^2 \mathbf{-} 9ab + 9b^2 = (1{,}5a - 3b)^2$ **d)** $1{,}21x^2 - 1{,}1xy \mathbf{+} 0{,}25y^2 = (1{,}1x - 0{,}5y)^2$

26 *binomische Formeln „rückwärts" anwenden (Klammerausdruck finden)*

a) $(r + s)^2$ **b)** $(12 + x)^2$ **c)** $(x - 8)^2$ **d)** $(5 - 4b)^2$ **e)** $(s + r)(s - r)$ **f)** $(13 + m)(13 - m)$

Zuerst prüft man, welche Formel angewendet wurde:
- wenn drei Terme **addiert** werden: 1. binomische Formel
- wenn der zweite Term (von insgesamt drei Termen) **subtrahiert** wird: 2. binomische Formel
- bei einer **Differenz aus zwei (quadrierten) Termen**: 3. binomische Formel

Finden der Aufgabe nach der 1. oder 2. binomischen Formel: $(a + b)^2$ bzw. $(a - b)^2$
Die Quadratwurzel aus dem ersten Summanden ist der erste Bestandteil des Klammerausdrucks (a). Die Quadratwurzel aus dem letzten Summanden ist der zweite Bestandteil des Klammerausdrucks (b). (Prüfen, ob der Mittelteil das Doppelte des Produkts aus erstem und zweitem Bestandteil des Klammerausdrucks ist.)

Finden der Aufgabe nach der 3. binomischen Formel: $(a + b) \cdot (a - b)$
Die Quadratwurzel aus dem Minuenden ist jeweils der erste Bestandteil der beiden Klammern (a), die Quadratwurzel aus dem Subtrahenden ist der zweite Bestandteil (b). Beide Klammern bilden ein Produkt.

27 *Terme mit Hilfe der binomischen Formeln mit Klammer als Potenz schreiben*

a) $(x - y)^2$ **b)** $(a + 3)^2$ **c)** $(y + 4)^2$ **d)** $(x - 5y)^2$ **e)** $(r - 4s)^2$ **f)** $(a - 7)^2$ **g)** $(a + 2b)^2$ **h)** $(3x + y)^2$

Die Normalparabel

Erforschen und Entdecken

Seite 81

1 *Normalparabel zeichnen und mit linearer Funktion vergleichen*

a)

x	0	0,25	0,5	0,75	1	1,5	2	2,5	3
$f(x)$	**0**	**0,0625**	**0,25**	**0,5625**	**1**	**2,25**	**4**	**6,25**	**9**

b) In der Realität gibt es keine negativen Seitenlängen, in der Mathematik aber negative Zahlen, die eingesetzt werden können.

c)

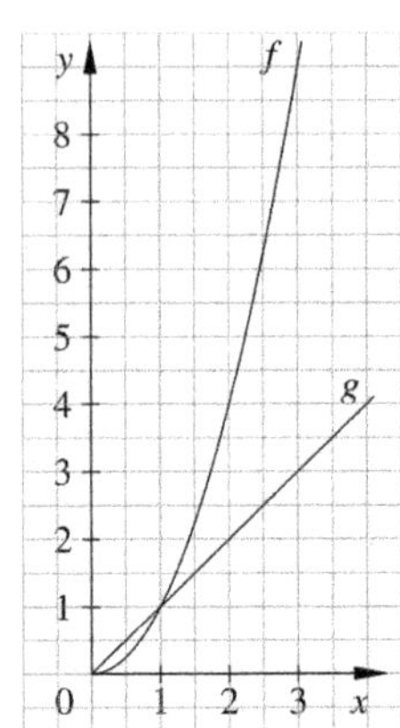

d) Der Graph der Funktion g ist eine Gerade. Der Graph der Funktion f ist eine Kurve.

Seite 81

2 *gezeichneter Normalparabel die Funktionsgleichung zuordnen*
$f(x) = x^2$; Man kann für x Zahlen einsetzen und die dazugehörigen Funktionswerte berechnen. Dann vergleicht man mit dem Funktionsgraphen.

3 *Eigenschaften der Normalparabel prüfen*

a)

x	−3	−2	−1,5	−1	−0,5	0	0,5	1	1,5	2	3
$f(x)$	9	4	2,25	1	0,25	0	0,25	1	2,25	4	9

Zeichenübung im Koordinatensystem;
Alle genannten Eigenschaften sind richtig. individuelles Vorgehen zur Begründung

b) Zeichnung wie in Lösung zu 1 c);
Die Aussage zum Definitionsbereich und zum Schnittpunkt mit den Achsen stimmen auch für $g(x) = x$. Allerdings ist diese Funktion punktsymmetrisch zum Ursprung (0 | 0) und nicht achsensymmetrisch. Außerdem hat sie auch negative Funktionswerte.

Basisaufgaben

Seite 82

1 *lineare und quadratische Funktionen zeichnen und unterscheiden*
Zeichenübung im Koordinatensystem
a) linear; $f(x) = 2x + 1$ **b)** quadratisch; $f(x) = -x^2$ **c)** linear; $f(x) = 0{,}5x + 1$

2 *Unterschiede des Graphen von linearen und quadratischen Funktionen beschreiben*
Lineare Funktionen ergeben Geraden im Koordinatensystem, quadratische Funktionen Kurven (Parabeln).

3 *Eigenschaften der Graphen von linearen und quadratischen Funktionen vergleichen*
a) Zeichnung wie in Lösung für Seite 81 Nr. 1
b) Sie schneiden sich in den Punkten (0 | 0) und (1 | 1).
c) Die Parabel von $f(x) = x^2$ und die Gerade von $g(x) = x$ schneiden beide die Achsen im Koordinatenursprung (0 | 0).
Die Parabel ist für $x < 0$ fallend und für $x > 0$ steigend. Die Gerade ist für alle x steigend.
Die Parabel ist achsensymmetrisch zur y-Achse, die Gerade ist punktsymmetrisch zum Koordinatenursprung.

4 *Funktionswerte der Normalparabel vergleichen*
a) Alle x, die kleiner oder gleich − 3 sind und alle x, die größer oder gleich 3 sind.
b) Alle x, die größer oder gleich − 2 sind und kleiner oder gleich 2 sind.
c) $x = 1$ und $x = -1$

Verschiebung der Normalparabel

Erforschen und Entdecken

Seite 83

1 *verschobenen Normalparabeln eine Funktionsgleichung zuordnen (nur entlang der y-Achse)*
a) Man kann jeweils den Schnittpunkt mit der y-Achse untersuchen (Scheitelpunkt). Dazu setzt man $x = 0$ in die Funktionsgleichung ein.
f_1: schwarzer Graph; Scheitelpunk (0 | 0)
f_2: roter Graph; Scheitelpunk (0 | −3)
f_3: grüner Graph; Scheitelpunk (0 | 2)
f_4: oranger Graph; Scheitelpunk (0 | 4)
f_5: blauer Graph; Scheitelpunk (0 | −0,5)
b) Die Normalparabel wird um eine Einheit nach unten verschoben. Der Scheitelpunkt ist dabei (0 | −1).

2 *mit Funktionenplotter verschobene Normalparabel untersuchen (entlang x-Achse und y-Achse)*
a) Die Funktionswerte sind gegenüber denen der Parabel mit $y = x^2$ um 2 größer, allerdings für um 1 größere x-Werte.
z. B.:

x	−2	−1	0	1	2
x^2	4	1	0	1	4
$(x-1)^2 + 2$	11	6	3	2	3

Die Parabel wurde gegenüber der Parabel $y = x^2$ um eine Einheit nach rechts und zwei Einheiten nach oben verschoben. Zum Beispiel ist der Scheitelpunkt nun (1 | 2).

b) $(x - ■)^2 + 2$ Betrachtet man den Scheitelpunkt, dann hat dieser immer den y-Wert 2.
Allerdings ändert sich der x-Wert. Die Parabel wird also nach links oder rechts verschoben.
$(x - 1)^2 + ■$ Betrachtet man den Scheitelpunkt, dann hat dieser immer den x-Wert 1.
Allerdings ändert sich der y-Wert. Die Parabel wird also nach oben und unten verschoben.

Seite 83

3 *verschobene Normalparabeln anhand spezieller Punkte finden*
Vorgehen individuell; Zeichenübung und Präsentationsübung; Funktionsgleichungen:
① $f(x) = x^2 - 3$ ② $f(x) = (x - 1)^2 + 4$

Basisaufgaben

Seite 85

1 *Scheitelpunkt von verschobener Normalparabel (y-Achse) zu gegebener Gleichung bestimmen*
Zeichenübung; Scheitelpunkte:
a) $S(0\,|\,1)$ **b)** $S(0\,|\,4)$ **c)** $S(0\,|\,-1)$ **d)** $S(0\,|\,-3{,}5)$ **e)** $S(0\,|\,5{,}5)$ **f)** $S(0\,|\,-2)$

2 *Gleichung von verschobener Normalparabel (y-Achse) zu gegebenem Scheitelpunkt bestimmen*
Zeichenübung; Funktionsgleichungen:
a) $f(x) = x^2 + 1{,}5$ **b)** $f(x) = x^2 - 2{,}5$ **c)** $f(x) = x^2 - 1$

3 *Unterschied der Verschiebung (x- und y-Achse) anhand der Funktionsgleichung erkennen*
Der Scheitelpunkt ist $S(-5\,|\,0)$. Die dazugehörige Funktionsgleichung ist $f(x) = (x + 5)^2$.
Setzt man $x = -5$ in die Funktionsgleichung ein, dann muss 0 herauskommen.
Die Parabel ist entlang der x-Achse verschoben.

4 *Gleichung von verschobener Normalparabel (x-Achse) zu gegebenem Scheitelpunkt bestimmen*
Zeichenübung; Funktionsgleichungen:
a) $f(x) = (x - 3{,}5)^2$ **b)** $f(x) = (x - 0{,}5)^2$ **c)** $f(x) = (x + 5{,}5)^2$
d) $f(x) = (x + 3{,}5)^2$ **e)** $f(x) = (x - 1{,}5)^2$ **f)** $f(x) = (x - 4{,}5)^2$

5 *Scheitelpunkt zu gegebener Funktionsgleichung prüfen*
Sie hat Unrecht. Der Scheitelpunkt ist $S(3\,|\,2)$.

6 *Scheitelpunkt von verschobener Normalparabel (x- und y-Achse) zu gegebener Gleichung finden*
a) $S(1\,|\,0)$ **b)** $S(-3\,|\,0)$ **c)** $S(0\,|\,6)$ **d)** $S(0\,|\,-4)$ **e)** $S(4\,|\,3)$ **f)** $S(-8\,|\,-2)$
g) $S(-2{,}5\,|\,0{,}5)$ **h)** $S(1{,}5\,|\,2)$ **i)** $S(-0{,}5\,|\,-2{,}5)$

7 *Scheitelpunkt von verschobener Normalparabel (x- und y-Achse) angeben (mit Brüchen)*
a) $S(0{,}75\,|\,0)$ **b)** $S\left(-\frac{1}{2}\,\middle|\,0\right)$ **c)** $S(0\,|\,-2{,}5)$ **d)** $S\left(0\,\middle|\,\frac{1}{3}\right)$ **e)** $S(-0{,}8\,|\,-3{,}4)$ **f)** $S\left(1{,}7\,\middle|\,\frac{1}{2}\right)$ **g)** $S\left(-\frac{3}{5}\,\middle|\,-\frac{3}{4}\right)$

8 *Funktionsgleichungen und Eigenschaften zu abgebildeten Funktionen bestimmen*
Der Definitionsbereich sind jeweils die reellen Zahlen. Die Symmetrieachse geht durch den Scheitelpunkt.
$f(x) = (x + 4)^2$; Scheitelpunkt $S(-4\,|\,0)$; Wertebereich: reelle Zahlen größer oder gleich 0;
Monotonie: fallend für $x < -4$; steigend für $x > -4$
$g(x) = (x + 4)^2 - 5$; Scheitelpunkt $S(-4\,|\,-5)$; Wertebereich: reelle Zahlen größer oder gleich -5;
Monotonie: fallend für $x < -4$; steigend für $x > -4$
$h(x) = (x - 3)^2 - 2$; Scheitelpunkt $S(3\,|\,-2)$; Wertebereich: reelle Zahlen größer oder gleich -2;
Monotonie: fallend für $x < 3$; steigend für $x > 3$
$i(x) = (x - 3)^2 + 3$; Scheitelpunkt $S(3\,|\,3)$; Wertebereich: reelle Zahlen größer oder gleich 3;
Monotonie: fallend für $x < 3$; steigend für $x > 3$

9 *Bereich, in dem die Funktion steigt, an der Funktionsgleichung ablesen*
a) $x > -2$ **b)** $x > 3$ **c)** $x > 4$ **d)** $x > 0$ **e)** $x > -1$ **f)** $x > -1{,}5$

10 *Fehler beim Ablesen des Scheitelpunkts erkennen und berichtigen*
a) $S(\mathbf{3}\,|\,1)$ **b)** $S(\mathbf{4}\,|\,-2)$ **c)** $S(\mathbf{-4}\,|\,\mathbf{1})$ **d)** $S(\mathbf{0}\,|\,-4)$ **e)** $S(\mathbf{-3}\,|\,\mathbf{0})$ **f)** $S(\mathbf{1}\,|\,\mathbf{-4})$

Weiterführende Aufgaben

Seite 86

11 *Funktion zu gegebenem Scheitelpunkt bestimmen und weitere Punkte nennen*
$f(x) = x^2 - 4$ Punktangaben individuell verschieden; z. B.: $A(-3\,|\,5)$; $B(-2\,|\,0)$; $C(1\,|\,-3)$; $D(4\,|\,12)$

12 *Verschiebung der Normalparabel allgemein beschreiben*
a) Die Aussage stimmt. Die Funktionswerte von $f(x) = x^2$ werden durch e vergrößert oder verkleinert, sodass die zugehörige Parabel entsprechend entlang der y-Achse nach oben oder nach unten versetzt erscheint.
b) $S(0\,|\,e)$

Seite 86

13 *Wert, um den eine Normalparabel verschoben wird, aus einem Punkt bestimmen*

a) $f(x) = x^2 - 3$ **b)** $f(x) = x^2 + 2{,}1$ **c)** $f(x) = x^2 - 3{,}4$
d) $f(x) = x^2 - 0{,}3$ **e)** $f(x) = x^2 - 6$ **f)** $f(x) = x^2 + 0{,}75$

14 *Eigenschaften von verschobenen Normalparabeln beschreiben*

	a)	b)	c)	d)	e)	f)
Definitionsbereich	reelle Zahlen	reelle Zahlen	reelle Zahlen	reelle Zahlen	reelle Zahlen	reelle Zahlen
Wertebereich	$y \geq 1$	$y \geq 4$	$y \geq -9$	$y \geq -7$	$y \geq 0$	$y \geq -4$
Symmetrieachse durch	$S(1 \mid 1)$	$S(-3 \mid 4)$	$S(4 \mid -9)$	$S(-2 \mid -7)$	$S(14 \mid 0)$	$S(0 \mid -4)$
Monotonie fallend für steigend für	 $x < 1$ $x > 1$	 $x < -3$ $x > -3$	 $x < 4$ $x > 4$	 $x < -2$ $x > -2$	 $x < 14$ $x > 14$	 $x < 0$ $x > 0$
verschoben nach	rechts oben	links oben	rechts unten	links unten	rechts	unten

15 *erklären, ob es Scheitelpunkte von linearen Funktionen gibt*

Lineare Funktionen haben keinen Scheitelpunkt. Der Scheitelpunk ist nämlich der Punkt, an dem die Funktion sich verändert. Entweder ist sie vorher steigend und dann fallend oder sie ist vorher fallend und dann steigend. Eine lineare Funktion ändert sich aber so nicht. Sie fällt entweder die ganze Zeit oder sie steigt die ganze Zeit.

16 *verschobene Parabeln anhand von Beschreibungen ihrer Eigenschaften herausfinden*

a) links: $f(x) = (x-4)^2 + 3$ rechts: $f(x) = (x+4)^2 - 3$
b) individuelle Beschreibungen von Funktionen; Partnerarbeit

17 *Schnittpunkte von quadratischen und linearen Funktionen zeichnerisch bestimmen*

a) $P(-2 \mid 4)$; $Q(3 \mid 9)$ **b)** keine Schnittpunkte **c)** $P(-2 \mid 1)$; $Q(2 \mid 9)$ **d)** $P(1 \mid -3)$

18 *mit dem Funktionenplotter verschobene Normalparabeln untersuchen*

a) Arbeit mit Funktionenplotter;
Gegenüber der Normalparabel ist die Parabel...
① um 3 Einheiten nach rechts verschoben.
② um 4 Einheiten nach unten verschoben.
③ Dies ist eine lineare Funktion $f(x) = x + 9$. Sie schneidet die Normalparabel in zwei Punkten (etwa bei $(-2{,}5 \mid 6{,}5)$ und $(3{,}5 \mid 12{,}5)$).
④ um 1,5 Einheiten nach rechts und 4 Einheiten nach oben verschoben.
⑤ um 2,5 Einheiten nach links und 3 Einheiten nach unten verschoben.
⑥ um 1,5 Einheiten nach rechts und 2 Einheiten nach unten verschoben.

b) Der Definitionsbereich sind jeweils die reellen Zahlen. Die Symmetrieachse geht durch den Scheitelpunkt.
① Scheitelpunkt $S(3 \mid 0)$; Wertebereich: reelle Zahlen größer oder gleich 0; Monotonie: fallend für $x < 3$; steigend für $x > 3$
② Scheitelpunkt $S(0 \mid -4)$; Wertebereich: reelle Zahlen größer oder gleich -4; Monotonie: fallend für $x < 0$; steigend für $x > 0$
③ Die Funktion ist immer steigend und punktsymmetrisch zum Koordinatenursprung.
④ Scheitelpunkt $S(1{,}5 \mid 4)$; Wertebereich: reelle Zahlen größer oder gleich 4; Monotonie: fallend für $x < 1{,}5$; steigend für $x > 1{,}5$
⑤ Scheitelpunkt $S(-2{,}5 \mid -3)$; Wertebereich: reelle Zahlen größer oder gleich -3; Monotonie: fallend für $x < -2{,}5$; steigend für $x > -2{,}5$
⑥ Scheitelpunkt $S(1{,}5 \mid -2)$; Wertebereich: reelle Zahlen größer oder gleich -2; Monotonie: fallend für $x < 1{,}5$; steigend für $x > 1{,}5$

Formänderung der Normalparabel

Erforschen und Entdecken

Seite 87

1 *parabelförmige Objekte im Alltag untersuchen*

a) individuelle Beispiele
Beschreibung z. B. für nach oben geöffnete Bögen: es gibt einen tiefsten Punkt, von dort aus geht es in einer „Kurve" zu beiden Seiten nach oben
für nach unten geöffnete Bögen: es gibt einen höchsten Punkt, von dort aus geht es in einer „Kurve" zu beiden Seiten nach unten
Die Bögen verlaufen symmetrisch bezüglich einer vertikalen Geraden durch den höchsten bzw. tiefsten Punkt

b) Zeichenübung
Gemeinsamkeiten z. B.: Symmetrie zu vertikaler Linie durch den höchsten bzw. tiefsten Punkt; ähnlicher Kurvenverlauf
Unterschiede z. B.: es gibt einen höchsten oder einen tiefsten Punkt; die Bögen sind nach oben oder nach unten geöffnet; sie sind unterschiedlich weit geöffnet (gestaucht oder gestreckt

2 *Funktionen mit Gleichungen der Form $y = ax^2$ untersuchen*

a)

x	−3	−2	−1	0	1	2	3
$f(x)$	13,5	6	**1,5**	**0**	**1,5**	**6**	**13,5**

b)

$g(x)$	27	12	3	0	3	12	27
$h(x)$	4,5	2	0,5	0	0,5	2	4,5
$i(x)$	−9	−4	−1	0	−1	−4	−9
$j(x)$	−13,5	−6	−1,5	0	−1,5	−6	−13,5

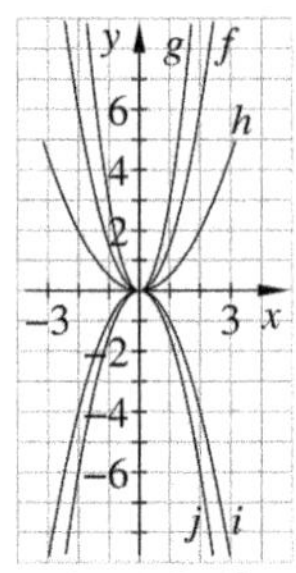

Gegenüber dem Graphen von $f(x) = x^2$ ist der Graph von:
g gestreckt und in der Öffnung enger,
h gestaucht und in der Öffnung weiter,
i an der x-Achse gespiegelt,
j an der x-Achse gespiegelt, gestreckt und in der Öffnung enger.

c) Untersuchung mit einem Funktionenplotter Ergebnisse siehe Schulbuch Seite 88, Lesen und Verstehen

3 *für Stauchen und Strecken von Parabeln eigene Formulierungen finden*
individuelle Formulierungen

Basisaufgaben

Seite 88

1 *anhand von Funktionsgleichungen den Verlauf der Graphen beschreiben*

a) gestreckt; nach oben geöffnet **b)** gestaucht; nach oben geöffnet **c)** gestreckt; nach unten geöffnet
d) nach unten geöffnet **e)** gestaucht; nach unten geöffnet **f)** gestaucht; nach unten geöffnet

Seite 89

2 *Verlauf von Parabeln beschreiben; Funktionsgleichungen zuordnen*

① gestreckt; nach oben geöffnet; II ② gestaucht; nach oben geöffnet; IV
③ gestaucht; nach unten geöffnet; III ④ gestreckt; nach unten geöffnet; I

3 *zwei Wertetabellen erstellen; Funktionsgraphen zeichnen und mit Normalparabel vergleichen*

x	−2,5	−2	−1,5	−1	−0,5	0	0,5	1	1,5	2	2,5
$f_1(x)$	≈4,7	3	≈1,7	0,75	≈0,2	0	≈0,2	0,75	≈1,7	3	≈4,7
$f_2(x)$	7,5	4,8	2,7	1,2	0,3	0	0,3	1,2	2,7	4,8	7,5

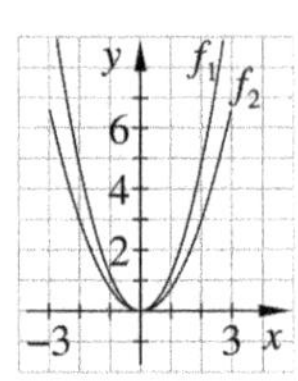

Gegenüber der Normalparabel ist der Graph von:
f_1 gestaucht bzw. weiter geöffnet,
f_2 gestreckt bzw. weniger weit geöffnet.
Die Graphen von f_1 und f_2 sind genau wie die Normalparabel nach oben geöffnet.

4 *Lückentext ergänzen*
y-Achse; Scheitelpunkt; Normalparabel; oben; unten; gestreckt; schmaler; gestaucht; breiter (übrig bleibt: x-Achse)

5 *Punkte die passenden Funktionsvorschrift zuordnen und begründen*

$P \rightarrow$ ③ denn $-0{,}9 = -0{,}1 \cdot 3^2$ $Q \rightarrow$ ① denn $0{,}8 = 0{,}2 \cdot 2^2$
$R \rightarrow$ ④ denn $16 = (-4)^2$ $S \rightarrow$ ② denn $-1{,}5 = -1{,}5 \cdot (-1)^2$

Weiterführende Aufgaben

Seite 89

6 *Berechnung des Faktors a aus gegebenem Punkt erläutern; Funktionsgleichungen bestimmen*

a) Die Koordinaten des Punkts wurden für x und y in die Gleichung $y = ax^2$ eingesetzt.

b) $18 = a \cdot 2^2$; $18 = a \cdot 4 \;|:4$; $a = \frac{18}{4} = 4{,}5$ $\quad y = 4{,}5x^2$

c) $-2{,}7 = a \cdot 3^2$; $-2{,}7 = a \cdot 9 \;|:9$; $a = \frac{-2{,}7}{9} = -0{,}3$ $\quad y = -0{,}3x^2$

7 *Anwendungsaufgabe: Berechnungen an einem parabelförmigen Dach anstellen*

a) Der Scheitelpunkt hat den größten Funktionswert, nämlich 0. Alle anderen Funktionswerte müssen negativ sein, da die Parabel nach unten geöffnet ist.

b) $f(x) = -0{,}0067x^2$, denn aus $a \cdot 70^2 = -32{,}83$ folgt: $a = -0{,}0067$.
Das heißt, 70 m vom Scheitelpunkt in x-Richtung entfernt (also vom höchsten Bogenpunkt entfernt) liegt der Fußpunkt des Bogens 32,83 m tiefer.

c) $f(10) = -0{,}67$; also ist der Bogen dort 32,83 m − 0,67 m = 32,16 m hoch.

Methode: Nutzung eines Funktionenplotters

Seite 90

8 *Funktionsgraphen zeichnen*
Darstellungen mit Hilfe von Funktionenplottern

9 *Funktionsgraphen zeichnen; Koordinaten von Punkten auf gegebenen Graphen angeben*
Darstellungen mit Hilfe von Funktionenplottern; Punktangaben individuell verschieden; z. B.:

a) $(-2\,|\,72)$; $(1\,|\,18)$; $(3\,|\,162)$

b) $(-2\,|\,-1{,}96)$; $(1\,|\,-0{,}49)$; $(3\,|\,-4{,}41)$

c) $(-2\,|\,-48)$; $(1\,|\,-12)$; $(3\,|\,-108)$

d) $(-2\,|\,10)$; $(1\,|\,2{,}5)$; $(3\,|\,22{,}5)$

10 *Anwendungsaufgabe: Höhe einer Bogenbrücke berechnen; Zeichnung anfertigen*

a) $f(4) = -0{,}375 \cdot 4^2 = 6$, also beträgt die Höhe 6 m.

b) Zeichenübung mit dem Funktionenplotter; Parabelpunkte $(-4\,|\,-6)$; $(0\,|\,0)$; $(4\,|\,-6)$

11 *Anwendungsaufgabe: Berechnungen an einer Hängebrücke anstellen*

a) $1280 : 2 = 640$; $f(640) = 0{,}0004 \cdot 640^2 = 163{,}84$ Die Seile sind in ca. 164 m Höhe angebracht.

b) $f(50) = 0{,}0004 \cdot 50^2 = 1$ Dort befinden sich die Seile auf 1 m Höhe. Man kann sie also noch berühren.

Allgemeine Form und Scheitelpunktform

Erforschen und Entdecken

Seite 91

1 *parabelförmigen Bogen einer Brücke modellieren*
individuelles Vorgehen; Man muss annehmen, dass der Brückenbogen durch eine quadratische Funktion dargestellt werden kann.
Zum Beispiel kann man so vorgehen: Im Foto ist der Brückenbogen an der breitesten Stelle 5,2 cm breit. Der vertikale Abstand zum Scheitelpunkt ist dabei 1,6 cm.
Die Punkte $(2{,}6\,|\,-1{,}6)$ und $(-2{,}6\,|\,-1{,}6)$ liegen also auf der Parabel. Wenn man von einer Funktionsgleichung der Form $f(x)= ax^2$ ausgeht, muss man die Gleichung lösen: $-1{,}6 = a \cdot 2{,}6^2$ und erhält $a \approx -0{,}24$. Die Funktionsgleichung lautet dann $f(x) = -0{,}24x^2$.

2 *Parabel eine Funktionsgleichung zuordnen und den Scheitelpunkt am Graphen ablesen*

a) Die Funktionen f und h beschreiben beide die Flugkurve.
Im Graphen kann man die Punkte $(0\,|\,3)$ und $(5\,|\,1{,}75)$ ablesen. Damit kann man die Funktionsgleichungen prüfen (z. B. ist $i(0) = 1{,}75$ und kann somit nicht den Graphen beschreiben).
Man kann auch mit weiteren abgelesenen Punkten genauer testen.

b) Die maximale Höhe beträgt 4 m. Dies kann man am Graphen ablesen, denn der Scheitelpunkt ist $(2\,|\,4)$. In der Funktionsgleichung von h kann man auch den Scheitelpunkt gut ablesen.

3 *Funktionsgleichungen in die Scheitelpunktform umwandeln (a = 1)*
In dieser Aufgabe werden quadratische Funktionen mit $a = 1$ untersucht.

a) Es lassen sich direkt in die Scheitelpunktform umwandeln:
① $f(x) = (x + 2)^2$ (1. binomische Formel); ④ $i(x)= (x - 3)^2$ (2. binomische Formel)
Die anderen beiden Funktionen haben folgende Scheitelpunktformen:
② $g(x) = (x + 1)^2 - 1$; ③ $h(x) = (x - 5)^2 - 5$

Seite 91

3 (Fortsetzung)

b) Man kann auf ② und ③ nicht direkt eine binomische Formel anwenden.
zu ②: Auf $x^2 + 2x + \mathbf{1} = (x+1)^2$ kann man die 1. binomische Formel anwenden.
Da man 1 addiert hat, muss man diese wieder abziehen, um die Scheitelpunktform von g zu bekommen.
zu ③: Auf $x^2 - 10x + 20 + \mathbf{5} = x^2 - 10x + 25 = (x-5)^2$ kann man die 2. binomische Formel anwenden.
Da man 5 addiert hat, muss man diese wieder abziehen, um die Scheitelpunktform von h zu bekommen.

4 *Scheitelpunktform aus dem Graphen ablesen und in allgemeine Form umwandeln*

a) Sie hat den Scheitelpunkt $S(1\,|\,-3)$ abgelesen und dann die Scheitelpunktform aufgestellt: $f(x) = (x-1)^2 - 3$.
Diese Gleichung hat sie mit Hilfe der 2. binomischen Formel umgeschrieben und den Funktionsterm zusammengefasst.
So hat sie die allgemeine Form bestimmt.

b) rot: $f(x) = (x-1)^2 - 1$ und $f(x) = x^2 - 2x$
grün: $f(x) = (x-1)^2$ und $f(x) = x^2 - 2x + 1$;
gelb: $f(x) = (x-1)^2 + 2$ und $f(x) = x^2 - 2x + 3$

c) Die Gleichungen stimmen jeweils im Term $x^2 - 2x$ überein. Sie unterscheiden sich um den Zahlenwert, der noch addiert bzw. subtrahiert wird.

Basisaufgaben

Seite 92

1 *quadratische Ergänzung zuordnen und binomische Formel anwenden*

a) $x^2 + 8x + \mathbf{16} = (x + \mathbf{4})^2$ **b)** $x^2 - 18x + \mathbf{81} = (x - \mathbf{9})^2$ **c)** $x^2 + 5x + \mathbf{6{,}25} = (x + \mathbf{2{,}5})^2$
d) $x^2 + 13x + \mathbf{42{,}25} = (x + \mathbf{6{,}5})^2$ **e)** $x^2 - 14x + \mathbf{49} = (\mathbf{x - 7})^2$ **f)** $x^2 + 7x + \mathbf{12{,}25} = (\mathbf{x + 3{,}5})^2$
g) $x^2 + x + \mathbf{0{,}25} = (\mathbf{x + 0{,}5})^2$ **h)** $x^2 - x + \mathbf{0{,}25} = (\mathbf{x - 0{,}5})^2$

Seite 93

2 *quadratische Ergänzung selbstständig bestimmen und binomische Formel anwenden*

a) $x^2 + 10x + \mathbf{25} = (x+5)^2$ **b)** $a^2 + 12a + \mathbf{36} = (a+6)^2$ **c)** $x^2 - 24x + \mathbf{144} = (x-12)^2$
d) $m^2 - 12m + \mathbf{36} = (m-6)^2$ **e)** $y^2 - 7y + \mathbf{12{,}25} = (y - 3{,}5)^2$ **f)** $x^2 + 9x + \mathbf{20{,}25} = (x + 4{,}5)^2$
g) $4x^2 - 12x + \mathbf{9} = 4(x - 1{,}5)^2$ **h)** $25x^2 + 30x + \mathbf{9} = 25\left(x + \frac{3}{5}\right)^2$

3 *in die allgemeine Form umwandeln, binomische Formeln verwenden*

a) $f(x) = x^2 - 6x + 9$ **b)** $f(x) = x^2 + 8x + 16$ **c)** $f(x) = x^2 + 2{,}4x - 2{,}56$
d) $f(x) = x^2 + 3x + 2{,}25$ **e)** $f(x) = x^2 - 5x + 5{,}25$ **f)** $f(x) = x^2 - 10x + 25$

4 *in die allgemeine Form umwandeln, binomische Formeln mit Faktor davor verwenden*

a) $f(x) = 2x^2 - 16x + 33$ **b)** $f(x) = 13x^2 - 26x + 5$ **c)** $f(x) = -0{,}5x^2 - 2{,}5x - 1{,}125$

5 *aus gegebenem Scheitelpunkt die allgemeine Form herleiten (a = 1)*

a) $f(x) = x^2 - 4x + 8$ **b)** $f(x) = x^2 + 2x - 4$ **c)** $f(x) = x^2 - 7x + 12{,}25$
d) $f(x) = x^2 - 6x$ **e)** $f(x) = x^2 - 3$ **f)** $f(x) = x^2 - 14x + 42$
g) $f(x) = x^2 - 10x + 28$ **h)** $f(x) = x^2 - 8x + 32$ **i)** $f(x) = x^2 + 6x + 13$

6 *binomische Formeln anwenden, um als Quadrat einer Summe oder Differenz zu schreiben*

a) $(x+4)^2$ **b)** $(x-5)^2$ **c)** $(x-8)^2$ **d)** $(x-9)^2$ **e)** $(x+7)^2$ **f)** $(x+6)^2$
g) $(x+4{,}5)^2$ **h)** $(x-2{,}5)^2$

7 *in die Scheitelpunktform umwandeln, Scheitelpunkt ablesen und Funktion zeichnen*

Zeichenübung von Normalparabeln vom Scheitelpunkt aus

a) $f(x) = (x+1)^2$; $S(-1\,|\,0)$ **b)** $f(x) = (x-2)^2$; $S(2\,|\,0)$ **c)** $f(x) = (x-1)^2 - 5$; $S(1\,|\,-5)$
d) $f(x) = (x+5)^2 - 6$; $S(-5\,|\,-6)$ **e)** $f(x) = (x-3)^2 - 1$; $S(3\,|\,-1)$ **f)** $f(x) = (x+1)^2 - 1$; $S(-1\,|\,-1)$
g) $f(x) = (x-1)^2 - 1$; $S(1\,|\,-1)$ **h)** $f(x) = (x+1)^2 - 2$; $S(-1\,|\,-2)$ **i)** $f(x) = (x-2)^2 - 1$; $S(2\,|\,-1)$
j) $f(x) = (x-1)^2 + 5$; $S(1\,|\,5)$ **k)** $f(x) = (x+4)^2 - 4$; $S(-4\,|\,-4)$

8 *Funktionsgleichungen in allgemeiner Form Graphen zuordnen*

a: ③; *b*: ④; *c*: ②; *d*: ①; Vorgehen: Wandle in die Scheitelpunktform um und lies den Scheitelpunkt ab.

9 *Funktionenplotter: Funktionen eingeben, Scheitelpunkt ablesen und Scheitelpunktform aufstellen*

a) $f(x) = 1{,}2(x-3)^2 + 4$ **b)** $f(x) = 7{,}8(x-4{,}5)^2 + 0{,}05$ **c)** $f(x) = -2{,}5(x-19)^2 + 58{,}05$
d) $f(x) = 1{,}3(x+0{,}4)^2 - 8{,}616$

Seite 93

10 *Fehler beim Umformen in die Scheitelpunktform beschreiben*

a) Richtig; $f(x) = (x + \mathbf{3})^2 - 11$; $S(\mathbf{-3}\,|\,\mathbf{-11})$; Fehler: auf $x^2 + 6x + 6$ kann man keine binomische Formel anwenden. Man muss mit $x^2 + 6x + \mathbf{9}$ rechnen.

b) Richtig: $f(x) = (x^2 - 10x + \mathbf{25}) - \mathbf{25} + 3$; $f(x) = (x - 5)^2 - \mathbf{22}$; $S(5\,|\,\mathbf{-22})$; Fehler: Sie hat vergessen, die 5 zu quadrieren.

c) Richtig: Im letzten Schritt: $f(x) = 2\,(x - 1{,}5)^2 - \mathbf{8{,}5}$; $S(1{,}5\,|\,\mathbf{-8{,}5})$; Fehler: Sie hat im letzten Schritt vergessen beim Ausmultiplizieren der Klammer auch die 4,25 mit 2 zu multiplizieren.

d) Richtig: Ab erstem Schritt: $f(x) = -3\,[x^2 + 3x - \mathbf{4}]$; $f(x) = -3\,[(x^2 + 3x + 1{,}5^2) - 1{,}5^2 - \mathbf{4}]$; $f(x) = -3\,[(x + 1{,}5)^2 - \mathbf{6{,}25}]$; $f(x) = -3\,(x + 1{,}5)^2 + \mathbf{18{,}75}$; $S(-1{,}5\,|\,\mathbf{18{,}75})$; Fehler: Sie hat beim Ausklammern der -3 vergessen, auch die 12 durch -3 zu teilen. Anschließend hat sie dann vergessen 1,5 zu quadrieren.

Weiterführende Aufgaben

Seite 94

11 *Scheitelpunktform bestimmen und Scheitelpunkt ablesen (verschiedene Faktoren a)*

Die größte Höhe kann man jeweils als y-Wert des Scheitelpunkts ablesen.

a) $f(x) = -0{,}1\,(x - 2{,}5)^2 + 2{,}125$; größte Höhe: 2,125 m
b) $f(x) = -0{,}25\,(x - 2)^2 + 2{,}6$; größte Höhe: 2,6 m
c) $f(x) = -0{,}3\,(x - 3)^2 + 4{,}2$; größte Höhe: 4,2 m
d) $f(x) = -0{,}15\,(x - 1{,}2)^2 + 2{,}816$; größte Höhe: 2,816 m
e) $f(x) = -0{,}22\,(x + 1)^2 + 1{,}5$; größte Höhe: 1,5 m

12 *Scheitelpunktform bestimmen und Eigenschaften beschreiben (verschiedene Faktoren a)*

a) $f(x) = 2\,(x - 2)^2$; $S(2\,|\,0)$, gestreckt, nach oben geöffnet
b) $f(x) = 6\,(x - 2)^2 - 1$; $S(2\,|-1)$, gestreckt, nach oben geöffnet
c) $f(x) = 0{,}5\,(x - 2)^2 + 2$; $S(2\,|\,2)$, gestaucht, nach oben geöffnet
d) $f(x) = -\frac{1}{3}(x - 3)^2 + 4$; $S(3\,|\,4)$, gestaucht, nach unten geöffnet
e) $f(x) = -\,(x - 2)^2 + 8$; $S(2\,|\,8)$, normal, nach unten geöffnet
f) $f(x) = 3\,(x - 2)^2 + 6$; $S(2\,|\,6)$, gestreckt, nach oben geöffnet
g) $f(x) = 4\,(x - 1)^2 - 2$; $S(1\,|-2)$, gestreckt, nach oben geöffnet
h) $f(x) = 1{,}5\,(x - 2)^2 + 4$; $S(2\,|\,4)$, gestreckt, nach oben geöffnet

13 *Sachaufgabe: Wurfhöhe durch Funktionsgleichung ermitteln*

a) 0,5 s: 11,25 m; 1 s: 15 m; 1,5 s: 11,25 m
b) Scheitelpunktform: $f(x) = -15\,(x - 1)^2 + 15$; $S(1\,|\,15)$; Nach 1 s hat der Stein seine maximale Höhe von 15 m erreicht.

Bemerkung: Die korrekte physikalische Gleichung müsste lauten: $f(x) = -5x^2 + 30x$;
Damit ist die Scheitelpunktform $f(x) = -5\,(x - 3)^2 + 45$; $S(3\,|\,45)$.
Nach 3 Sekunden hat der Stein seine maximale Höhe von 45 m erreicht.

14 *höchsten bzw. tiefsten Punkt von quadratischen Funktionen in allgemeiner Form bestimmen*

Ist die Funktion nach unten geöffnet, dann ist der Scheitelpunkt der höchste Punkt. Ist die Funktion nach oben geöffnet, dann ist der Scheitelpunkt der tiefste Punkt.

a) $f(x) = (x + 2)^2 + 3$; $S(-2\,|\,3)$ ist der tiefste Punkt.
b) $f(x) = (x + 3)^2 - 9$; $S(-3\,|-9)$ ist der tiefste Punkt.
c) $f(x) = -\,(x - 4)^2 + 17$; $S(4\,|\,17)$ ist der höchste Punkt.
d) $f(x) = 0{,}4\,(x - 6{,}25)^2 - 12{,}625$; $S(6{,}25\,|-12{,}625)$ ist der tiefste Punkt.
e) $f(x) = -\,0{,}25\,(x - 2)^2 + 2$; $S(2\,|\,2)$ ist der höchste Punkt.
f) $f(x) = 5\,(x - 3)^2 + 10$; $S(3\,|\,10)$ ist der tiefste Punkt.
g) $f(x) = 2\,(x - 8)^2 + 3$; $S(8\,|\,3)$ ist der tiefste Punkt.

15 *für parabelförmige Brücke Funktionsgleichung bestimmen*

a) Zeichnen im Koordinatensystem; individuelles Verschieben der Parabel

b) verschiedene Lösungswege zum Beispiel:
Weg 1: Der höchste Punkt der Brücke liegt auf der y-Achse. Es ist der Punkt $S(0\,|\,6)$, da die Brücke 6 m hoch. Die Funktion hat somit die Scheitelpunktform $f(x) = ax^2 + 6$. Da die Brücke 8 m breit ist, muss der Punkt $(4\,|\,0)$ auf dem Graphen liegen. Damit kann man $a = -\,0{,}375$ bestimmen. Die Funktionsgleichung lautet: $f(x) = -0{,}375x^2 + 6$.
Weg 2: Die Brücke beginnt bei $(0\,|\,0)$ und hat ihren höchsten Punkt bei $S(4\,|\,6)$, denn die Brücke ist 8 m breit und 6 m hoch. Damit hat sie die Scheitelpunktform $f(x) = a\,(x - 4)^2 + 6$. Mit dem Punkt $(0\,|\,0)$ kann man $a = -0{,}375$ bestimmen. Die Funktionsgleichung lautet: $f(x) = -0{,}375\,(x - 4)^2 + 6$.

c) 5,625 m (4,5 m; 2,625 m)
(Verwendet man die Funktionsgleichung aus b) Weg 1, dann muss man für x die Zahlen 1; 2 und 3 einsetzen. Verwendet man Weg 2, dann muss man die Zahlen 3; 2 und 1 einsetzen, da der höchste Punkt der Brücke dort nicht bei $x = 0$, sondern bei $x = 4$ liegt.)

Seite 94

16 *Sachaufgabe: Brückenmaße anhand der Funktionsgleichung ermitteln*

a) Die Funktion hat die Scheitelpunktform: $f(x) = -0{,}5\ (x - 2{,}5)^2 + 3{,}125$. Damit ist die Brücke am höchsten Punkt 3,125 m hoch.

b) Man muss die x bestimmen, für die die Funktionswerte größer als 2,4 sind. Dies geht durch Probieren oder durch Zeichnen der Funktion. Für x zwischen etwa 1,30 und 3,70 ist der Funktionswert größer als 2,4. Damit ist dort die Brücke höher als 2,40 m. Das heißt auf einer Breite von 3,70 m - 1,30 m = 2,40 m kann der Lkw fahren. Da der Lkw nur 2,20 m breit ist, passt er also unter der Brücke durch.

17 *Sachaufgabe: Flugeigenschaften eines Golfballs untersuchen*

a) $f(10) = 13{,}75$; Nach 10 m hat der Golfball eine Höhe von 13,75 m. Somit fliegt er 5,75 m über den Baum hinweg.

b) Man muss die x ermitteln, sodass $f(x) = 0$. Das kann man durch eine Zeichnung, durch Probieren oder durch Ablesen an der Scheitelpunktform. Für $x = 0$ (Abschlag) und für $x = 120$ (Landepunkt des Balles) ist $f(x) = 0$. Somit fliegt der Ball 120 m weit.

c) Scheitelpunktform: $f(x) = -0{,}0125\ (x - 60)^2 + 45$; Scheitelpunkt: $S(60\,|\,45)$; Der Golfball fliegt maximal 45 m hoch.

Nullstellen von quadratischen Funktionen

Erforschen und Entdecken

Seite 95

1 *parabelförmigen Springbrunnen modellieren, selber Größen schätzen*

individuelle Modellierung; Je nach geschätzter Höhe und daraus erstellten Funktionsgleichung ist die überspannte Breite verschieden. Die Funktion muss nach unten geöffnet sein und, wenn man das Foto betrachtet, auch gestreckt.

Vorschlag: $f(x) = -9\left(x - \frac{1}{3}\right)^2 + 1$. Damit ist der Wasserstrahl 1 m hoch und $\frac{2}{3}$ m weit.

2 *Zusammenhang zwischen Scheitelpunkt und Nullstellen erkennen*

a) Zum Zeichnen ist es von Vorteil, die Funktionen in der Scheitelpunktform darzustellen. Die Symmetrieachse geht jeweils durch den Scheitelpunkt.

$f_1(x) = -x^2 + 1$; $S(0\,|\,1)$

$f_2(x) = (x + 3)^2$; $S(-3\,|\,0)$

$f_3(x) = (x - 3)^2 - 1$; $S(3\,|\,-1)$

$f_4(x) = -(x - 2{,}5)^2 + 6{,}25$; $S(2{,}5\,|\,6{,}25)$

$f_5(x) = -(x - 5)^2$; $S(5\,|\,0)$

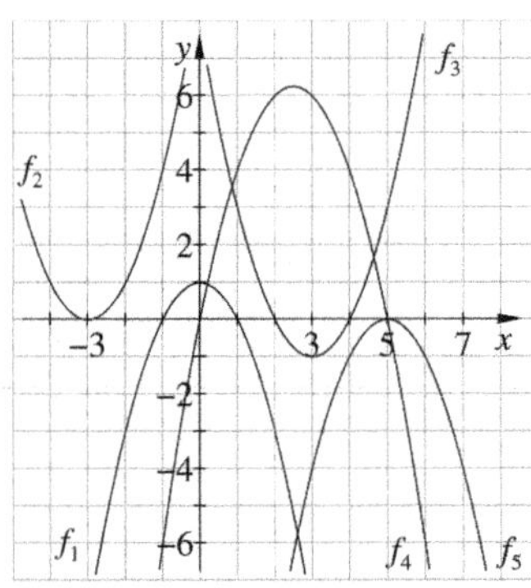

b)

Funktion	Scheitelpunkt	Schnittpunkte mit x-Achse
f_1	$S(0\,|\,1)$	$P_1(-1\,|\,0)$; $P_2(1\,|\,0)$
f_2	$S(-3\,|\,0)$	$P(-3\,|\,0)$
f_3	$S(3\,|\,-1)$	$P_1(2\,|\,0)$; $P_2(4\,|\,0)$
f_4	$S(2{,}5\,|\,6{,}25)$	$P_1(0\,|\,0)$; $P_2(5\,|\,0)$
f_5	$S(5\,|\,0)$	$P(5\,|\,0)$

c) Die x-Koordinate des Scheitelpunkts ist der Durchschnitt der x-Koordinaten der Schnittpunkte mit der x-Achse. Wenn es nur einen Schnittpunkt mit der x-Achse gibt, dann ist dies gleichzeitig auch der Scheitelpunkt.

d) Die Funktion sollte in Scheitelpunktform gegeben sein. Man kann gut entscheiden, ob es nur einen Schnittpunkt mit der x-Achse gibt. Da dies dann auch gleichzeitig der Scheitelpunkt ist, kann man ihn leicht ablesen. Aus der Lage des Scheitelpunkts und der Öffnungsrichtung kann man ebenfalls gut entscheiden, ob es keine Schnittpunkte mit der x-Achse gibt. Wenn es zwei Schnittpunkte mit der x-Achse gibt, dann ist es nur manchmal direkt möglich diese abzulesen. Kann man einen Schnittpunkt ablesen, dann kann man mit der Erkenntnis aus c) auch den zweiten bestimmen.

3 *Funktionen durch Beschreibung ihrer Nullstellen und des Scheitelpunkts bestimmen*

links: $f(x) = -(x - 2)^2 + 1$; Mitte: $f(x) = -2\ (x - 1)^2 + 8$; rechts: $f(x) = 1{,}25\ (x - 3)^2$

4 *eigenes Vorgehen zum Bestimmen einer Nullstelle entwickeln und präsentieren*

a) Scheitelpunktform: $h(t) = -5\ (t - 2)^2 + 22$; $S(2\,|\,22)$; Die maximale Höhe beträgt 22 m.

b) Nach etwa 4,1 s trifft die Kugel auf dem Boden auf.
Man muss den Schnittpunkt mit der x-Achse bestimmen, also wann $h(t) = 0$ ist.
1. Weg: Das Problem zeichnerisch lösen.
2. Weg; Man löst die Gleichung $-5\ (t - 2)^2 + 22 = 0$. Nach Umformen ergibt sich $(t - 2)^2 = 4{,}4$. Diese Gleichung kann man durch Probieren lösen. Oder man zieht die Wurzel und erhält $t - 2 \approx 2{,}1$. Damit ist $t \approx 4{,}1$ s.

Seite 95

5 *Beispiele für Funktionen mit keiner, einer oder zwei Nullstellen finden*
individuell verschieden; Man kann die y-Koordinate des Scheitelpunkts und die Öffnungsrichtung betrachten.

in zwei Punkten schneidet:	nach oben geöffnete Parabel mit Scheitelpunkt unterhalb der x-Ache oder nach unten geöffnete Parabel mit Scheitelpunkt oberhalb der x-Achse
in einem Punkt schneidet:	Parabel mit Scheitelpunkt auf der x-Achse
gar nicht schneidet:	nach oben geöffnete Parabel mit Scheitelpunkt oberhalb der x-Ache oder nach unten geöffnete Parabel mit Scheitelpunkt unterhalb der x-Achse

Basisaufgaben

Seite 97

1 *Nullstellen ablesen und mit Einsetzen in Funktionsgleichung prüfen*
Die Nullstelle wird geprüft, indem man sie in die Funktionsgleichung eingesetzt. Der Funktionswert muss null sein.
a) $x_1 = 1$; $x_2 = 3$ **b)** $x = -3{,}5$ **c)** $x_1 = 2$; $x_2 = 6$

2 *Wertetabellen ergänzen und Nullstellen und Scheitelpunkt schätzen*
a)

x	-4	-3	-2	-1	0	1	2	3	4
$f(x)$	5	0	-3	-4	-3	**0**	**5**	**12**	**21**

b) Scheitelpunkt $S(-1\,|\,-4)$; Nullstellen $x_1 = -3$; $x_2 = 1$
Bemerkung: Die untersuchte Funktion hat die Funktionsgleichung $f(x) = x^2 + 2x - 3$ bzw. $f(x) = (x + 1)^2 - 4$.

3 *Nullstellen durch Einsetzen in die Funktionsgleichung prüfen*
a) ja, beide **b)** nur x_1 **c)** nur x_1 **d)** nur x_1

4 *Nullstellen bestimmen*
a) $x_1 = 6$; $x_2 = -6$ **b)** $x_1 = 2$; $x_2 = -2$ **c)** $x_1 = 4$; $x_2 = -4$ **d)** $x_1 = 11$; $x_2 = -11$
e) $x_1 = 3$; $x_2 = -3$ **f)** $x_1 = 8$; $x_2 = -8$ **g)** $x_1 = 4$; $x_2 = -4$ **h)** $x_1 = 2$; $x_2 = -2$
i) $x_1 = 4$; $x_2 = -4$ **j)** $x_1 = \sqrt{12} \approx 3{,}5$; $x_2 = -\sqrt{12} \approx -3{,}5$

Weiterführende Aufgaben

5 *Nullstellen und Scheitelpunkt schätzen und daraus Funktionsgleichung bestimmen*
a) Der Scheitelpunkt liegt bei $x = 0{,}5$. Das sieht man daran, dass die x-Werte 0 und 1 denselben Funktionswert haben.
b) Die Nullstellen liegen tatsächlich bei $x_1 = -1{,}5$ und $x_2 = 2{,}5$. Vermutungen individuell
c) Die Funktionsgleichung ist $f(x) = (x - 0{,}5)^2 - 4$.
Um diese zu bestimmen, könnte man die Punkte in ein Koordinatensystem eintragen und zu einer Parabel verbinden. Dann kann man den Scheitelpunkt $S(0{,}5\,|\,-4)$ ablesen und die Scheitelpunktform $f(x) = a\,(x - 0{,}5)^2 - 4$ aufstellen. Durch Einsetzen eines weiteren Punkts, erhält man $a = 1$.
Man könnte auch mit der allgemeinen Scheitelpunktform $f(x) = a\,(x + d)^2 + e$ beginnen und durch Einsetzen von Punkten die Parameter bestimmen. Dabei hat man d bereits in Aufgabe a) als $d = 0{,}5$ bestimmt.

6 *Funktionsgraphen aus Funktionsgleichung beschreiben und Anzahl der Nullstellen begründen*
Alle Parabeln sind nach oben geöffnet. Liegt also der Scheitelpunkt unterhalb der x-Achse, dann gibt es zwei Nullstellen. Liegt der Scheitelpunkt oberhalb der x-Achse, dann gibt es keine Nullstellen. Liegt der Scheitelpunkt auf der x-Achse, dann gibt es genau eine Nullstelle.
Die Parabeln haben alle den Streckungsfaktor $a = 1$. Sie sind also nicht gestreckt und nicht gestaucht.
a) $S(0\,|\,-1)$, also unterhalb der x-Achse; zwei Nullstellen
b) $S(0\,|\,2)$, also oberhalb der x-Achse; keine Nullstelle
c) $S(0\,|\,-4)$, also unterhalb der x-Achse; zwei Nullstellen
d) $S(2\,|\,0)$, also auf der x-Achse; eine Nullstelle
e) $S(-3\,|\,0)$, also auf der x-Achse; eine Nullstelle
f) $S(1\,|\,-1)$, also unterhalb der x-Achse; zwei Nullstellen
g) $S(-2\,|\,1)$, also oberhalb der x-Achse; keine Nullstelle
h) $S(0\,|\,-6)$, also unterhalb der x-Achse; zwei Nullstellen

7 *Anzahl der Nullstellen an der Funktionsgleichung ablesen*
Um die Anzahl der Nullstellen zu begründen, muss man die Öffnungsrichtung bestimmen. Je nachdem, wo der Scheitelpunkt liegt, gibt es dann keine, eine oder zwei Nullstellen.
a) $a = -1$; nach unten geöffnet; $S(0\,|\,6)$, also oberhalb der x-Achse; zwei Nullstellen
b) $a = -0{,}5$; nach unten geöffnet; $S(0\,|\,-7)$, also unterhalb der x-Achse; keine Nullstelle
c) $a = -0{,}75$; nach unten geöffnet; $S(0{,}5\,|\,4{,}5)$, also oberhalb der x-Achse; zwei Nullstellen
d) $a = 3{,}2$; nach oben geöffnet; $S(-1\,|\,-2)$, also unterhalb der x-Achse; zwei Nullstellen
e) $a = 1{,}8$; nach oben geöffnet; $S(2{,}3\,|\,0)$, also auf der x-Achse; eine Nullstelle

Seite 97

8 *Aussage zu bestimmter Nullstellenanzahl überprüfen*
Er hat nicht Recht. Der Scheitelpunkt ist $S(-2\,|\,-7)$ und liegt somit unterhalb der x-Achse. Also hat die nach unten geöffnete Parabel keinen Schnittpunkt mit der x-Achse.

9 *Anwendungsaufgabe: Breite eines Tunnels aus gegebenen Höhen bestimmen*

a) Je nachdem, wohin man den Scheitelpunkt des Tunnels setzt, ergeben sich unterschiedliche Funktionsgleichungen. z.B. $f(x) = -0{,}25x^2 + 4$.
Vorgehen: Man setzt den höchsten Punkt des Tunnels (4 m) auf die y-Achse und hat den Scheitelpunkt $S(0\,|\,4)$. Somit ist $e = 4$. In der Zeichnung erkennt man, dass 2 m vor dem Scheitelpunkt der Tunnel 3 m hoch ist. In die Funktionsgleichung $f(x) = a\,x^2 + 4$ setzt man nun den Punkt $(-2\,|\,3)$ ein und bestimmt das a.

b) Der Tunnel ist 8 m breit.
Vorgehen: Man bestimmt die beiden Nullstellen (im Beispiel oben $x_1 = -4$; $x_2 = 4$) und berechnet deren Differenz.

Thema: Rund ums Auto

Seite 98

1 *Anwendungsaufgabe: Aufprallenergie durch eine quadratische Funktion berechnen*

Geschwindigkeit (in $\frac{km}{h}$)	Geschwindigkeit (in $\frac{m}{s}$)	Aufprallenergie (in Nm)
3,6	1	**35**
7,2	2	**140**
10,8	3	**315**
14,4	4	**560**
18	5	**875**
21,6	6	**1260**
25,2	7	**1715**
28,8	8	**2240**

2 *quadratische Funktion in Koordinatensystem eintragen*
Zeichenübung im Koordinatensystem

3 *mit Graph und Wertetabelle begründen, dass eine Funktion quadratisch ist*
Die Zuordnung ist quadratisch, weil der Funktionsgraph eine Parabel ist (nur der positive Teil der x-Achse wird betrachtet). Außerdem gilt: Wenn sich die Geschwindigkeit verdoppelt (verdreifacht, vervierfacht, ...), dann vervierfacht (verneunfacht, versechzehnfacht, ...) sich die Aufprallenergie.

Seite 99

4 *Anwendungsaufgabe: Aufprallenergie für verschiedene Massen berechnen*

	Kleinwagen	Mittelklassewagen	Kombi	SUV	Kleintransporter
Leergewicht (in kg)	900	1300	1500	1700	2100
Aufprallenergie (in Nm)	145 800	**210 600**	**243 000**	**275 400**	**340 200**

5 *lineare Funktion für größere Maßzahlen in Koordinatensystem eintragen*
Zeichenübung im Koordinatensystem

6 *mit Graph und Wertetabelle begründen, dass eine Funktion linear ist*
Die Zuordnung ist linear, weil der Funktionsgraph eine Gerade ist. Außerdem besteht Quotientengleichheit: Alle Quotienten „Aufprallenergie : Leergewicht" ergeben stets 162.

7 *für Geschwindigkeiten die Fallhöhe bestimmen*

Geschwindigkeit (in $\frac{km}{h}$)	25	50	75	100	125	150
Geschwindigkeit (in $\frac{m}{s}$)	7	14	21	28	35	42
Fallhöhe (in m)	2,45	**9,80**	**22,05**	**39,20**	**61,25**	**88,20**

8 *Aussage zu Parabelform untersuchen*
Die Funktion $h(v) = 0{,}05 \cdot v^2$ ist eine quadratische Funktion mit dem Faktor $a = 0{,}05$.
Es gilt: $0 < 0{,}05 < 1$, also entsteht eine nach oben geöffnete, jedoch gestauchte Parabel.
Hannahs Aussage ist also nicht richtig.

Vermischte Übungen

Seite 100

1 *binomischen Formeln anwenden*

a) $a^2 + 26a + 169$ **b)** $m^2 - 121$ **c)** $64 - 16u + u^2$ **d)** $9 + 24g + 16g^2$
e) $4x^2 - 2x + 0{,}25$ **f)** $6{,}25 - e^2$ **g)** $9x^2 - 12xy + 4y^2$ **h)** $x^2 - 25z^2$

2 *Terme mit Hilfe der binomischen Formeln als Produkt schreiben*

a) $(x+y)(x-y)$ **b)** $(a+9b)(a-9b)$ **c)** $(x+12)(x-12)$ **d)** $(e-5f)^2$ **e)** $(8m+1)(8m-1)$
f) $(a-7)^2$ **g)** $(x+10)^2$ **h)** $(m-9)^2$ **i)** $(s+14t)(s-14t)$ **j)** $(2x+2y)^2$
k) $\left(\frac{1}{2}+b\right)\left(\frac{1}{2}-b\right)$ **l)** $(7-4y)^2$

3 *Vorgehensweise des Faktorisierens mit Hilfe der binomischen Formeln reflektieren*

Nein, das reicht nicht aus. Der mittlere Term muss auch „passen".
Z.B. $x^2 + xy + y^2$: Mit Sabrinas Methode erhielte man $(x+y)^2$.
Es ist aber $(x+y)^2$ nach der ersten binomischen Formel gleich $x^2 + \mathbf{2}xy + y^2$.

4 *Terme mit Hilfe der binomischen Formeln als Produkte schreiben (faktorisieren), wenn möglich*

a) $(x+7)^2$ **b)** $(2a+3b)^2$ **c)** mittlerer Wert passt nicht **d)** $(4a+7b)(4a-7b)$
e) q ist keine Quadratzahl **f)** $(6t+3b)^2$ **g)** $(5c+7d)^2$ **h)** $(3k-2l)^2$
i) $(9a-7x)^2$ **j)** $(8x-12y)(8x+12y)$

5 *Terme mit Hilfe der binomischen Formeln faktorisieren (mit Brüchen)*

a) $\left(\frac{2}{3}x+\frac{1}{9}y\right)\left(\frac{2}{3}x-\frac{1}{9}y\right)$ **b)** $\left(\frac{5}{7}a+\frac{4}{5}b\right)\left(\frac{5}{7}a-\frac{4}{5}b\right)$ **c)** $\left(\frac{1}{2}x+\frac{1}{3}y\right)^2$
d) $\left(\frac{2}{5}a-\frac{3}{4}b\right)^2$ **e)** $\left(\frac{2}{3}m+\frac{1}{8}\right)^2$ **f)** $\left(\frac{1}{5}x+\frac{3}{4}y\right)^2$

6 *anhand von Funktionsgleichungen über linear oder quadratisch entscheiden und begründen*

linear: $f(x) = 9x$; $f(x) = 0{,}8$; $f(x) = 5x + 3$
quadratisch: $f(x) = 4x^2 + 3$; $f(x) = -x^2$
weder linear noch quadratisch: $f(x) = 4x^3$
Linear ist eine Funktion, in der x (das Argument) ohne Potenz oder gar nicht vorkommt (konstante Funktion). Quadratisch ist eine Funktion, in der x (das Argument) mit der Potenz 2 und keiner höheren Potenz vorkommt.

7 *Graphen und Funktionsgleichungen einander zuordnen; Zuordnung begründen*

① h Parabel; nach oben geöffnet (also a positiv); gestreckt (also $a > 1$)
② g Normalparabel, denn z.B. die Punkte $(1\,|\,1)$ und $(2\,|\,4)$ liegen auf dem Graphen
③ i Gerade; schneidet die y-Achse bei -2; Steigung -2
④ f Gerade; schneidet die y-Achse bei 2; Steigung 1
⑤ j Parabel, nach unten geöffnet (also a negativ); gestaucht (also $-1 < a < 0$)
⑥ k Parabel, nach unten geöffnet (also a negativ); gestreckt (also $a < -1$)

8 *mit Hilfe der Funktionsgleichung den Verlauf der dazugehörigen Parabel beschreiben*

a) gestreckt; nach oben geöffnet **b)** gestaucht; nach unten geöffnet
c) gestreckt; nach unten geöffnet **d)** gestaucht; nach oben geöffnet

9 *aus Scheitelpunktform den Scheitelpunkt ablesen und den Graphen beschreiben*

a) nach oben geöffnet; $S(1\,|\,0)$ **b)** nach oben geöffnet; $S(-4\,|\,0)$
c) nach oben geöffnet; $S(-1{,}5\,|\,-2)$ **d)** nach oben geöffnet; $S(2\,|\,3)$
e) nach oben geöffnet; $S(-5\,|\,-2)$ **f)** gestaucht; nach unten geöffnet; $S(0\,|\,5)$
g) gestreckt; nach oben geöffnet; $S(6\,|\,0)$ **h)** gestreckt; nach unten geöffnet; $S(-2\,|\,4)$

10 *zu gegebenem Scheitelpunkt passende Funktionsgleichungen angeben*

individuelle Faktoren vor dem quadratischen Term; zum Beispiel:
a) $f(x) = x^2 + 2$; $f(x) = -x^2 + 2$ **b)** $f(x) = (x+4)^2 + 3{,}5$; $f(x) = 5(x+4)^2 + 3{,}5$
c) $f(x) = (x+1)^2$; $f(x) = -2(x+1)^2$ **d)** $f(x) = (x-1)^2 + 3$; $f(x) = 4(x-1)^2 + 3$
e) $f(x) = (x-4{,}5)^2 - 2$; $f(x) = 1{,}5(x-4{,}5)^2 - 2$ **f)** $f(x) = (x+7)^2 - 2$; $f(x) = -2{,}5(x+7)^2 - 2$

Seite 101

11 *Graphen von quadratischen Funktionen mit Hilfe der 5-Punkte-Methode skizzieren*

a) $f(x) = 1{,}5x^2$
b) Zeichenübung entsprechend der Schrittbeschreibung:
Parabel durch die Punkte $(-2\,|\,8)$; $(-1\,|\,2)$; $(0\,|\,0)$; $(1\,|\,2)$; $(2\,|\,8)$

Seite 101

12 *Graphen quadratischer Funktionen mit Hilfe der 5-Punkte-Methode skizzieren*

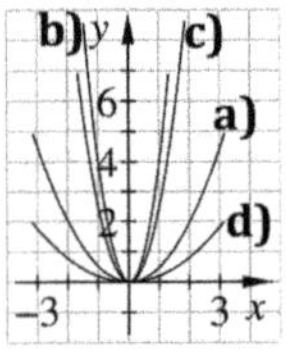

	x	0	1	2
a)	$f(x)$	0	0,5	2
b)	$f(x)$	0	4	16
c)	$f(x)$	0	2,5	10
d)	$f(x)$	0	0,2	0,8

13 *Vorgehensweise der 5-Punkte-Methode bei negativem a erläutern*
Man muss in den Schritten ② und ③ nach unten „gehen" statt nach oben.

14 *Graphen quadratischer Funktionen mit negativem Faktor a skizzieren*

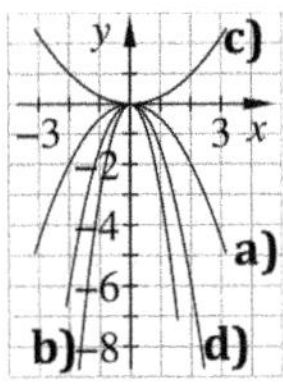

	−2	−1	0	1	2
a)	−2	−0,5	0	−0,5	−2
b)	−12	−3	0	−3	−12
c)	1	0,25	0	0,25	1
d)	−6	−1,5	0	−1,5	−6

15 *Anwendungsaufgabe: Bogenbrücke zeichnen; Höhe berechnen*
a) Zeichenübung

x	−6	−5	−4	−3	−2	−1	0	1	...
$f(x)$	−7,2	−5	−3,2	−1,8	−0,8	−0,2	0	−0,2	...

b) $f\left(\frac{12}{2}\right) = f(6) = -7{,}2$ Die Brücke ist 7,2 m hoch.

16 *Anwendungsaufgabe: Bogenbrücke zeichnen; Funktionsgleichung zuordnen; begründen*
a) Zeichenübung: z. B. nach unten geöffnete Parabel durch die Punkte $(-10\,|\,-12)$ und $(10\,|\,-12)$;
Verlauf in der Skizze individuell leicht verschieden
b) ② passt, denn die Koordinaten $(10\,|\,-12)$ erfüllen diese Gleichung.

17 *Lösungsweg zur Bestimmung einer „Brückengleichung" erläutern*
1. Zeichnen einer nach oben geöffneten Parabel durch den Punkt $P(5\,|\,6)$, denn je 5 m rechts und links vom Scheitelpunkt müssen die Endpunkte bei $y = 6$ liegen
2. Einsetzen der Koordinaten von P in die allgemeine Gleichung $f(x) = ax^2$
3. Bestimmen von a durch Äquivalenzumformungen
4. Aufstellen der Gleichung

Seite 102

18 *entlang der y-Achse verschobene Normalparabeln vergleichen und Funktionsgleichung aufstellen*
Alle Parabeln sind nach oben geöffnete Normalparabeln, die entlang der y-Achse verschoben sind.
$f(x) = x^2 + 2$; $g(x) = x^2 + 1{,}5$; $h(x) = x^2 - 1$; $i(x) = x^2 - 2{,}5$

19 *Funktionsgleichungen von verschobenen Normalparabeln aus dem Graphen ablesen*
① $f(x) = (x+4)^2 - 2$; ② $f(x) = x^2 - 3$; ③ $f(x) = (x-2)^2 - 2$; ④ $f(x) = (x-4)^2 - 3$

20 *Funktionsgleichungen für Parabeln mit gleichem Scheitelpunkt aufstellen*
Der Faktor vor dem quadratischen Term (also a) kann beliebig gewählt werden. Hier die Funktionsgleichungen für $a = 1$.
a) $f(x) = (x-2)^2$ **b)** $f(x) = (x+3)^2$ **c)** $f(x) = (x-5)^2$
d) $f(x) = (x+3)^2 + 1$ **e)** $f(x) = (x-6)^2 + 2$ **f)** $f(x) = (x+2)^2 - 4$
g) $f(x) = (x-1)^2 + 5$ **h)** $f(x) = (x-3)^2$ **i)** $f(x) = (x+1)^2 + 2$

21 *Streckungsfaktor a für eine Bogenbrücke bestimmen, Änderung von a beschreiben*
a) $a = -\frac{4}{9}$; Es muss nämlich gelten $f(3) = -4$, also $-4 = 9a$.
b) Der Faktor a wird kleiner, wenn die Höhe vergrößert wird. Der Faktor a wird größer, wenn die Spannweite vergrößert wird. Wird die Höhe vergrößert, dann ist $f(3) < -4$ und somit $-4 > 9a$. Wird die Spannweite vergrößert, dann ist $f(x) = -4$, für ein $x > 3$. Damit ist $-4 < 9a$.

22 *Anwendungsaufgabe: Bremswege für verschiedene Geschwindigkeiten bestimmen*
a) $f(80) = 0{,}0072 \cdot 80^2$, also etwa 46 m ($f(100) = 0{,}0072 \cdot 100^2$, also 72 m)
b) Ansatz: $82 = a \cdot 80^2$; $a \approx 0{,}0128$

Seite 102

23 *aus der allgemeinen Form in die Scheitelpunktform umwandeln*

a) $f(x) = (x + 2)^2 + 3$; Normalparabel; nach oben geöffnet; $S(-2 \mid 3)$
b) $f(x) = (x - 3)^2 - 9$; Normalparabel; nach oben geöffnet; $S(3 \mid -9)$
c) $f(x) = (x - 8)^2 - 61$; Normalparabel; nach oben geöffnet; $S(8 \mid -61)$
d) $f(x) = (x - 2)^2 + 8$; Normalparabel; nach oben geöffnet; $S(2 \mid 8)$
e) $f(x) = -(x - 2{,}5)^2 - 3{,}5$; Normalparabel; nach unten geöffnet; $S(2{,}5 \mid -3{,}5)$
f) $f(x) = -(x - 4)^2 + 17$; Normalparabel; nach unten geöffnet; $S(4 \mid 17)$
g) $f(x) = 3\,(x + 5)^2 + 7$; gestreckt; nach oben geöffnet; $S(-5 \mid 7)$

24 *aus der Scheitelpunktform in die allgemeine Form umwandeln*

a) $f(x) = 3\,x^2 - 24\,x + 43$ **b)** $f(x) = 0{,}25\,x^2 + 3\,x + 6$ **c)** $f(x) = -5\,x^2 + 110\,x - 604{,}5$
d) $f(x) = -\frac{1}{3}x^2 + 4\,x - 24$ **e)** $f(x) = 0{,}75\,x^2 + 18\,x + 100$

25 *Nullstellen von Funktionen bestimmen (rein quadratisch)*

a) $x_1 = -13$; $x_2 = 13$ **b)** $x_1 = -6$; $x_2 = 6$ **c)** $x_1 = -5$; $x_2 = 5$
d) $x_1 = -\sqrt{\frac{8}{3}} \approx -1{,}6$; $x_2 = \sqrt{\frac{8}{3}}$ **e)** $x_1 = -\sqrt{5} \approx -2{,}2$; $x_2 = \sqrt{5}$ **f)** $x_1 = -\sqrt{3} \approx -1{,}7$; $x_2 = \sqrt{3}$

26 *Eigenschaften des Graphen anhand der Funktionsgleichung (durch Nullstellen) beschreiben*

individuelles Vorgehen; Man kann die Funktion zeichnen, eine Wertetabelle anlegen und auswerten oder die Nullstellen und den Scheitelpunkt durch Probieren erhalten (Scheitelpunktform $f(x) = (x - 1)^2 - 4$). Damit lassen sich die beiden Fragen beantworten.

a) Für $x > 1$ ist die Funktion steigend. (Der Scheitelpunkt liegt bei $S(1 \mid -4)$.)
b) Die Nullstellen liegen bei $x_1 = -1$ und $x_2 = 3$. Die Parabel ist nach oben geöffnet. Daher haben alle Werte zwischen den Nullstellen als Funktionswert eine negative Zahl.

Seite 103

27 *Modellierungsaufgabe: Brücke durch quadratische Funktion darstellen*

individuelles Vorgehen, zum Beispiel:
Der Scheitelpunkt liegt bei $S(0 \mid 5)$. Somit ist eine Funktion der Form $f(x) = a x^2 + 5$ gesucht.
1. Möglichkeit: Man benutzt den Punkt $P(40 \mid 15)$. Es muss gelten $f(40) = 15$. Man erhält $a = \frac{1}{160}$. Somit ergibt sich die Funktionsgleichung $f(x) = \frac{1}{160}x^2 + 5$.
2. Möglichkeit: Man verwendet den Punkt $Q(30 \mid 10)$. Dann ergibt sich die Funktionsgleichung $f(x) = \frac{1}{180}x^2 + 5$.
Man sieht, dass man keine quadratische Funktion findet, deren Graph durch P und durch Q geht. Daher kann man die Brücke nur näherungsweise modellieren. Generell kann man nur den Abschnitt zwischen $(-40 \mid 15)$ und $(40 \mid 15)$ als quadratische Funktion annähern.

28 *Beschreibung, die Nullstellen aus der Scheitelpunktform zu berechnen, nachvollziehen*

a) 1. Man setzt die Funktionsgleichung gleich 0.
2. Man formt die Gleichung so um, dass nur noch der quadratische Term auf einer Seite steht.
(Im Beispiel wird 4 addiert. Es könnte danach noch möglich sein, dass man durch den Faktor a vor der Klammer dividiert. Hier ist aber $a = 1$.)
3. Man zieht die Wurzel und erhält zwei Möglichkeiten.
4. Man formt um und erhält die Nullstellen.
b) Darstellung einer nach oben geöffneten Normalparabel mit $S(1 \mid -4)$. Die Nullstellenberechnung ist korrekt.
c) ① $x_1 = -1$; $x_2 = 5$; ② $x_1 = -4$; $x_2 = -2$; ③ $x_1 = 3$; $x_2 = 7$

29 *Funktionen in die Scheitelpunktform umformen und Nullstellen berechnen*

a) $f(x) = (x + 3{,}5)^2 - 2{,}25$; $x_1 = -5$; $x_2 = -2$ **b)** $f(x) = (x - 4{,}5)^2 - 2{,}25$; $x_1 = 3$; $x_2 = 6$
c) $f(x) = (x + 0{,}5)^2 - 20{,}25$; $x_1 = -5$; $x_2 = 4$ **d)** $f(x) = (x - 3{,}75)^2 - 5{,}0625$; $x_1 = 1{,}5$; $x_2 = 6$
e) $f(x) = (x - 7)^2 - 100$; $x_1 = -3$; $x_2 = 17$

30 *Nullstellen bestimmen, um die Breite einer Brücke zu berechnen*

a) Man muss die Nullstellen bestimmen (durch Zeichnen oder Probieren). Diese liegen bei $x_1 = -5$; $x_2 = 5$. Der Abstand der beiden Nullstellen ist die Breite des Tunnels. Der Tunnel ist also 10 m breit.
b) Der Boden ist 20 m lang und 10 m breit. Sein Flächeninhalt ist somit 200 m².

Seite 103

31 *allgemeine Form und Scheitelpunktform auf Ablesbarkeit von Nullstellen untersuchen*

a) Bei f kann man den Scheitelpunkt sofort ablesen. Sie ist nämlich in der Scheitelpunktform.

b) Bei f kann man den Scheitelpunkt $S(-1 \mid -4)$ direkt ablesen und auch, dass die Funktion nach oben geöffnet ist. Daher muss sie zwei Nullstellen haben. Bei g kann man ablesen, dass sie nach unten geöffnet ist. Da der Scheitelpunkt allerdings nicht sofort zu erkennen ist, kann man keine leichte Aussage zur Anzahl der Nullstellen machen.

c) Bei f: Scheitelpunkt $S(-1 \mid -4)$; Nullstellen $x_1 = -3$; $x_2 = 1$.
Bei g: Scheitelpunkt $S(1 \mid -6)$; keine Nullstellen

d) Zeichenübung (Verschobene Normalparabeln); Es gibt keine Schnittpunkte.

32 *zu Funktionsgleichung eines Fluges den Graphen zeichnen und die Nullstelle ablesen*

a) Zeichenübung (stark gestreckte, nach unten geöffnete Parabel; y-Achse zwischen 0 und 800 und x-Achse zwischen 0 und 1; Scheitelpunkt ist $S(0{,}5 \mid 800)$)

b) Die Nullstellen sind $x_1 = 0$ und $x_2 = 1$. Das Flugzeug landet nach einer Stunde.

33 *Funktionsgleichung für Scheitelpunkt und Nullstellen finden*

Die Funktionsgleichung lautet: $f(x) = -\frac{1}{3}(x-2)^2 + 3$.
Vorgehen: Da der Scheitelpunkt $S(2 \mid 3)$ ist, muss die Funktionsgleichung $f(x) = a\,(x-2)^2 + 3$ lauten.
Außerdem ist $f(-1) = 0$ und $f(5) = 0$. Somit erhält man $0 = 9a + 3$ und man kann a berechnen.

34 *Funktionsgleichung durch zwei gegebene Punkte bestimmen*

Die Funktionsgleichung lautet: $f(x) = 3\,(x+4)^2 - 2$.
Vorgehen: Es gilt $f(-2) = 10$ und $f(1) = 73$, was zu den Gleichungen führt: $10 = 4a + e$ und $73 = 25a + e$.
Dieses Gleichungssystem löst man nun und erhält $a = 3$ und $e = -2$.

Seite 104

Kästchenmuster

a) $u = 4a$
Die Zuordnung ist linear, da in der zugehörigen Funktionsgleichung $u(a) = 4a$ die Variable a ohne Potenz vorkommt.

b) 36 Kästchen

c) $A = a^2$
Die Zuordnung a^2 ist quadratisch, da in der dazugehörigen Funktionsgleichung
$A(a) = a^2$ die Variable a mit der Potenz 2 (und in keiner höheren Potenz) vorkommt.

d) $52\text{ cm} = 4a$; $a = 13\text{ cm}$; $A = (13\text{ cm})^2 = 169\text{ cm}^2$
Bei einem Umfang von 52 cm ist eine Seite 13 cm lang.
Bei einer Seitenlänge von 13 cm beträgt der Flächeninhalt 169 cm² und nicht 196 cm². Also gibt es keine solche Figur.

e) Jede Figur besteht aus sechs Seiten, von denen zwei die Länge $2x$ haben und vier die Länge x.
Also beträgt der Umfang $u = 2 \cdot 2x + 4 \cdot x = 8x$.

f)

Figur	1	2	3	4	5	6
Flächeninhalt A (in cm²)	3	12	**27**	**48**	**75**	**108**

Zeichenübung im Koordinatensystem
Es ergibt sich nur ein Parabelast, weil es keine negative Nummer einer Figur gibt.

g) Die Seitenlänge der x-ten Figur beträgt $2x$. Von einem Quadrat mit dieser Seitenlänge $2x$ wird ein kleineres Quadrat mit der Seitenlänge x abgezogen, also gilt für den Flächeninhalt: $A = (2x)^2 - x^2 = 4x^2 - x^2 = 3x^2$

h) $243 = 3x^2$; $81 = x^2$; $x = 9$ Die 9. Figur hat einen Flächeninhalt von 243 cm².

i) Jede grüne Figur besteht aus sechs Seiten, zwei davon haben immer die Länge 2, eine hat die Länge x, zwei haben die Länge $x + 1$ und eine hat die Länge $x + 2$. Der Umfang beträgt also $u = 2 + x + 2 \cdot (x+1) + x + 2 = 4x + 6$
Alternativ: Die grüne Figur ist ein Quadrat mit Seitenlänge $x + 1$ zu dem dann noch ein Kästchen hinzukommt. Zu dem Umfang des Quadrats kommen also noch 2 Seiten hinzu. $u = 4 \cdot (x+1) + 2 = 4x + 6$

j)

Figur	1	2	3	4	5	6
Flächeninhalt A (in cm²)	5	10	**17**	**26**	**37**	**50**

k) Einteilung der Flächen z. B.:

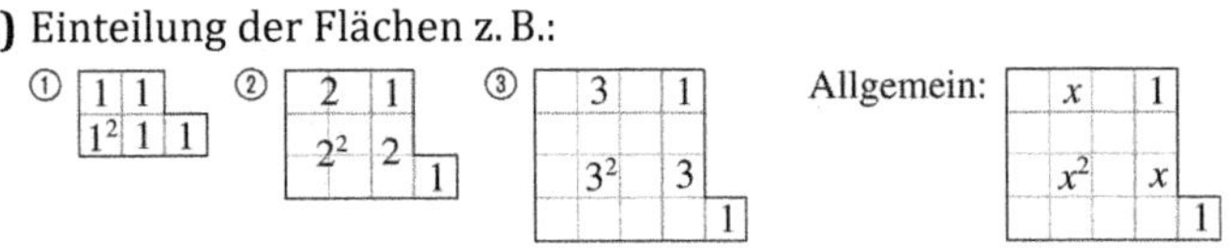

Alternativ: Die grüne Figur ist ein Quadrat mit Seitenlänge $x + 1$, zu dem dann noch ein Kästchen hinzukommt.
$A = (x+1)^2 + 1 = x^2 + 2x + 2$

Quadratische Gleichungen

Noch fit?

Seite 108

1 *Zahlen in quadratische Funktionsgleichungen einsetzen*

	x^2+4	$x^2+2x-10$	$3x^2-6$	$3x^2-x+9$
$x=4$	20	14	42	53
$x=6$	40	38	102	111
$x=9$	85	89	237	243

2 *Quadratwurzeln im Kopf berechnen*

a) 19 **b)** 17 **c)** 25 **d)** 1,6 **e)** 1,1 **f)** 0,9

3 *Wurzeln von Zahlentermen mit dem Taschenrechner berechnen und runden*

a) $\approx 1{,}96$ **b)** $\approx 0{,}52$ **c)** $\approx 1{,}94$ **d)** $\approx 0{,}78$

4 *Zahlen in Terme einsetzen und daraus Wurzeln berechnen, negative Radikanden erkennen*

a) Auf Hundertstel gerundet erhält man $\approx 0{,}92$ (für $x = 2{,}2$); $\approx 0{,}35$ (für $x = 2{,}03$); 2,1 (für $x = -2{,}9$).

b) Der Taschenrechner kann die Wurzeln nicht berechnen. Er zeigt je nach Modell „ungültige Eingabe", „Error" (für Fehler) oder „NaN"(für keine Zahl) an. Das liegt daran, dass man keine Wurzel aus einer negativen Zahl ziehen kann. In allen drei Fällen ist aber der Wert unter der Wurzel (der Radikand) negativ.

5 *prüfen, ob angegebene Zahlen Lösungen von Gleichungen sind*

a) 2 **b)** -2 **c)** $-2;2$ **d)** -2 **e)** $\frac{1}{2}$ **f)** $-2; 2$ **g)** -2 **h)** 2

In den Gleichungen, in denen x^2 enthalten ist, gibt es zwei Lösungen.

6 *Ungleichungen für eingesetzte Zahlen prüfen*

a) $-2 < 0$, stimmt **b)** $2 > 1$, stimmt **c)** $2 < -5$, stimmt nicht **d)** $5 > 4$, stimmt **e)** $-6 < 1$, stimmt

7 *Summen als Produkte schreiben (Ausklammern)*

a) $2(7a-3b)$ **b)** $4x(5x-9)$ **c)** $8m(8m-3)$ **d)** $8(4a+7a^2+2)$

e) $5(y^2-3+4y)$ **f)** $4(t^2+4t+3)$ **g)** $z(0{,}5z+6)$ **h)** $\frac{1}{4}(b^2-2b+8)$

8 *binomische Formeln anwenden*

a) $z^2+10z+25$ **b)** $16-8s+s^2$ **c)** v^2-81 **d)** a^2+4a+4 **e)** x^2-9

9 *Zahlen in Funktionsgleichungen mit Wurzeln und Potenzen einsetzen und runden*

	-1	3	1	2	-4
① $\sqrt{x-2}$	nicht möglich	1	nicht möglich	0	nicht möglich
② $(x+3)^2$	4	36	16	25	1
③ $(4x-2)^2$	36	100	4	36	324
④ $\sqrt{5-x}$	$\approx 2{,}45$	$\approx 1{,}41$	2	$\approx 1{,}73$	3

Bunt gemischt

1. $V \approx 78{,}54\ \text{cm}^3$; $A_O \approx 102{,}10\ \text{cm}^2$
2. ...sie in zwei Winkeln übereinstimmen. (Sie stimmen dann nämlich auch in allen drei Winkeln überein.)
3. $25000 \cdot 0{,}03 \cdot \frac{9}{12} = 562{,}5$; Man erhält 562,50 € Zinsen.
4. Die Zahlen lauten 39 und 11.
5. Ungerade Primzahlen sind 3 und 5. Somit beträgt die Wahrscheinlichkeit $\frac{2}{6} = \frac{1}{3}$.

Rein quadratische Gleichungen lösen

Erforschen und Entdecken

Seite 109

1 *Anwendungsaufgabe Fliesen legen: Quadrate und Wurzeln berechnen*

a) 14×14 Platten, denn $14 \cdot 14 = 196$ **b)** $3{,}5\ \text{m} \times 3{,}5\ \text{m}$, denn $3{,}5 \cdot 3{,}5 = 12{,}25$ **c)** $350\ \text{cm} : 14 = 25\ \text{cm}$

Seite 109

2 *Anwendungsaufgabe freier Fall: Quadrate und Wurzeln berechnen; Fallexperimente durchführen*
a) $3^2 \cdot 5\text{ m} = 45\text{ m}$
b) $4{,}5^2 \cdot 5\text{ m} = 101{,}25\text{ m}$
c) $125 = x^2 \cdot 5 \quad |:5$; also $25 = x^2$; $x = 5$ Es dauert etwa 5 Sekunden.
d) individuell verschieden

3 *Zahlenrätsel: Text, Gleichung und Lösung einander zuordnen, Anzahl von Lösungen bestimmen*
a) ① $2x^2 - 2 = 30$; $x = 4$ und $x = -4$
② $x^2 + 15 = 40$; $x = 5$ und $x = -5$
③ $2x \cdot 3x = 150$ (oder $6x^2 = 150$); $x = 5$ und $x = -5$
④ $x \cdot \frac{1}{2}x = 72$ (oder $\frac{1}{2}x^2 = 72$); $x = 12$ und $x = -12$
⑤ $3(x^2 + 2) = 6$; $x = 0$
⑥ $x^2 + 10 = 6$; keine Lösung
b) Man kann die Gleichungen in die Form $x^2 = d$ bringen.
Es gibt
- zwei Lösungen, wenn für eine Gleichung in der Form $x^2 = d$ gilt: $d > 0$;
- eine Lösung, wenn die Form $x^2 = 0$ vorliegt;
- keine Lösung, wenn für eine Gleichung in der Form $x^2 = d$ gilt: $d < 0$.

Basisaufgaben

Seite 111

1 *Anzahl der Lösungen angeben*
a) 2 **b)** 0 **c)** 2 **d)** 1 **e)** 0 **f)** 2 **g)** 0 **h)** 2 **i)** 0

2 *quadratische Gleichungen im Kopf lösen*
a) $x_1 = 9$ und $x_2 = -9$ **b)** $x_1 = 10$ und $x_2 = -10$ **c)** $x_1 = 13$ und $x_2 = -13$ **d)** $x_1 = 0{,}8$ und $x_2 = -0{,}8$
e) $x_1 = 0{,}5$ und $x_2 = -0{,}5$ **f)** $x_1 = 1$ und $x_2 = -1$ **g)** $x_1 = 0{,}3$ und $x_2 = -0{,}3$ **h)** keine Lösung
i) $x = 0$ **j)** keine Lösung **k)** $x_1 = \frac{3}{4}$ und $x_2 = -\frac{3}{4}$ **l)** $x_1 = 1{,}4$ und $x_2 = -1{,}4$

3 *Gleichungen mit dem Taschenrechner lösen; runden*
a) $x_1 \approx 2{,}83$ und $x_2 \approx -2{,}83$ **b)** $x_1 \approx 7{,}07$ und $x_2 \approx -7{,}07$ **c)** $x_1 \approx 9{,}38$ und $x_2 \approx -9{,}38$
d) $x_1 \approx 0{,}95$ und $x_2 \approx -0{,}95$ **e)** $x_1 \approx 0{,}63$ und $x_2 \approx -0{,}63$ **f)** $x_1 \approx 1{,}26$ und $x_2 \approx -1{,}26$
g) keine Lösung **h)** $x_1 \approx 1{,}15$ und $x_2 \approx -1{,}15$ **i)** $x_1 \approx 1{,}66$ und $x_2 \approx -1{,}66$
Lösungswort: WIESBADEN; Bundesland Hessen

4 *Gleichung zu gegebenen Lösungen finden*
a) z. B. $x^2 = 64$ **b)** z. B. $x^2 = 169$ **c)** z. B. $x^2 = 0{,}09$ **d)** z. B. $x^2 = \frac{1}{4}$

5 *Gleichung ohne Lösung bzw. mit genau einer Lösung finden*
keine Lösung: z. B. $x^2 = -1$; $x^2 = -500$; $x^2 = -0{,}16$; genau eine Lösung: $x^2 = 0$

6 *Gleichungen in die Form $x^2 = d$ umformen; Anzahl der Lösungen bestimmen; begründen*
a) 2, da $d > 0$ für $x^2 = 9$ **b)** 0, da $d < 0$ für $x^2 = -9$ **c)** 2, da $d > 0$ für $x^2 = 6$ **d)** 0, da $d < 0$ für $x^2 = -6$
e) 2, da $d > 0$ für $x^2 = 8$ **f)** 2, da $d > 0$ für $x^2 = 8$ **g)** 1, da $d = 0$ für $x^2 = 0$ **h)** 2, da $d > 0$ für $x^2 = 25$
i) 0, da $d < 0$ für $x^2 = -25$ **j)** 0, da $d < 0$ für $x^2 = -25$ **k)** 2, da $d > 0$ für $x^2 = 25$ **l)** 2, da $d > 0$ für $x^2 = 3$

7 *einfache Gleichungen in die Form $x^2 = d$ umformen (dividieren bzw. multiplizieren) und lösen*
a) $x^2 = 9$; $x_1 = 3$ und $x_2 = -3$ **b)** $x^2 = 25$; $x_1 = 5$ und $x_2 = -5$ **c)** $x^2 = 49$; $x_1 = 7$ und $x_2 = -7$
d) $x^2 = 0$; $x = 0$ **e)** $x^2 = -16$; keine Lösung **f)** $x^2 = \frac{9}{4}$; $x_1 = \frac{3}{2}$ und $x_2 = -\frac{3}{2}$
g) $x^2 = \frac{16}{25}$; $x_1 = \frac{4}{5}$ und $x_2 = -\frac{4}{5}$ **h)** $x^2 = \frac{16}{25}$; $x_1 = \frac{4}{5}$ und $x_2 = -\frac{4}{5}$ **i)** $x^2 = 225$; $x_1 = 15$ und $x_2 = -15$
j) $x^2 = 324$; $x_1 = 18$ und $x_2 = -18$

8 *einfache Gleichungen umformen (addieren bzw. subtrahieren) und lösen*
a) $x^2 = 64$; $x_1 = 8$; $x_2 = -8$ **b)** $x^2 = 81$; $x_1 = 9$; $x_2 = -9$ **c)** $x^2 = 196$; $x_1 = 14$; $x_2 = -14$
d) $x^2 = -79$; keine Lösung **e)** $x^2 = 361$; $x_1 = 19$; $x_2 = -19$ **f)** $x^2 = 121$; $x_1 = 11$; $x_2 = -11$
g) $x^2 = 0{,}64$; $x_1 = 0{,}8$; $x_2 = -0{,}8$ **h)** $x^2 = 0{,}16$; $x_1 = 0{,}4$; $x_2 = -0{,}4$

9 *Gleichungen umformen und lösen*
a) $x^2 = 4$; $x_1 = 2$; $x_2 = -2$ **b)** $x^2 = 9$; $x_1 = 3$; $x_2 = -3$ **c)** $x^2 = \frac{1}{4}$; $x_1 = \frac{1}{2}$; $x_2 = -\frac{1}{2}$
d) $x^2 = 1$; $x_1 = 1$; $x_2 = -1$ **e)** $x^2 = -5$; keine Lösung **f)** $x^2 = 100$; $x_1 = 10$; $x_2 = -10$
g) $x^2 = 1{,}44$; $x_1 = 1{,}2$; $x_2 = -1{,}2$ **h)** $x^2 = 49$; $x_1 = 7$; $x_2 = -7$ **i)** $x^2 = 361$; $x_1 = 19$; $x_2 = -19$
j) $x^2 = 2{,}89$; $x_1 = 1{,}7$; $x_2 = -1{,}7$

Seite 111

10 *Anwendungsaufgabe: Seitenlänge eines Quadrats bei gegebenem Flächeninhalt berechnen*
$x^2 = 144\ cm^2$; $x_1 = 12$ cm und $x_2 = -12$ cm (Hier wird nur die positive Lösung betrachtet.)
Eine Seite ist 12 cm lang.

11 *Anwendungsaufgabe: Seitenlänge eines quadratischen Blumenbeets berechnen*
Die Seiten sind je 1,6 m lang.

12 *Anwendungsaufgabe: Seitenlänge eines quadratischen Grundstücks berechnen*
Eine Grundstückseite ist 18,5 m lang.

13 *quadratische Gleichungen zum selben Sachverhalt, aber unterschiedlichen Einheiten lösen*
Lösungen: ① 0,95 m; ② 9,5 dm; ③ 95 cm; Alle drei Lösungen sind gleich. Sie sind dabei in unterschiedlichen Einheiten gegeben.

Weiterführende Aufgaben

Seite 112

14 *Zahlenrätsel lösen*
$x^2 + 15 = 240$; $x^2 = 225$; $x_1 = 15$ und $x_2 = -15$

15 *Zahlenrätsel lösen*
$x^2 + 65 = 690$; $x^2 = 625$; $x_1 = 25$ und $x_2 = -25$ Das ist möglich.

16 *Zahlenrätsel lösen*
$4x^2 - 17 = 239$; $x^2 = 64$; $x_1 = 8$ und $x_2 = -8$

17 *Zahlenrätsel zu gegebenen Gleichungen formulieren und lösen*
a) z. B.: Wenn man vom Quadrat einer Zahl 5 subtrahiert, erhält man 44. $x_1 = 7$; $x_2 = -7$
b) z. B.: Wenn man eine Zahl mit sich selbst multipliziert und davon 25 subtrahiert, erhält man 0. $x_1 = 5$; $x_2 = -5$
c) z. B.: Wenn man das Quadrat einer Zahl mit 3 multipliziert und dann 4 subtrahiert, so erhält man 14,75. $x_1 = 2{,}5$; $x_2 = -2{,}5$
d) z. B.: Wenn man das Quadrat einer Zahl verdoppelt, erhält man 4,5. $x_1 = 1{,}5$; $x_2 = -1{,}5$

18 *Anwendungsaufgabe: Fallwege und –zeiten berechnen*
a)

t in s	1	2	3	4	5
s in m	5	20	45	80	125

b) $t = 7$ Es wird die Fallzeit in *s* für die Fallhöhe 245 m berechnet.
c) ca. 12,87 s
d) Recherchеauftrag

Die drei höchsten Gebäude sind derzeit:	absolute Höhe	Fallzeit
1. **Burj Khalifa** (Dubai ,Vereinigte Arabische Emirate):	828 m	12,87 s
2. **Shanghai Tower** (Shanghai , China):	632 m	11,24 s
3. **Mecca Royal Clock Tower Hotel** (Mekka, Saudi-Arabien):	601 m	10,96 s

19 *Anwendungsaufgabe Geometrie: Diagonalenlänge im Quadrat berechnen*
$a^2 + a^2 = d^2$ (Satz des Pythagoras), also $2a^2 = 2 \cdot 7^2 = 98 = d^2$; $d \approx 9{,}90$ Die Diagonale ist ca. 9,9 cm lang.

20 *Anwendungsaufgabe Geometrie: Skizze anfertigen, Seitenlänge im Quadrat berechnen*
$a^2 + a^2 = d^2$ (Satz des Pythagoras), also $2a^2 = 162^2 = 26\,244$; $a^2 = 13\,122$; $a \approx 114{,}55$
Eine Seite ist ca. 114,6 cm lang.

21 *Anwendungsaufgabe Geometrie: Kantenlänge eines Würfels aus Oberflächeninhalt berechnen*
$A_O = 6a^2$, also $121{,}5 = 6a^2$; $a^2 = 20{,}45$; $a = 4{,}5$ Der Würfel hat eine Kantenlänge von 4,5 cm.

22 *Anwendungsaufgabe Geometrie: Kathetenlänge in einem rechtwinkligen Dreieck berechnen*
$k^2 + k^2 = h^2$ (Satz des Pythagoras), also $2k^2 = 5{,}4^2 = 29{,}16$; $k^2 = 14{,}58$; $k \approx 3{,}82$
Die Katheten sind ca. 3,8 cm lang.

23 *Anwendungsaufgabe: Seitenlängen eines Reitplatzes aus dem Flächeninhalt berechnen*
$2 \cdot a \cdot a = 242$; $2a^2 = 242$; $a^2 = 121$; $a = 11$ Der Reitplatz hat die Maße 11 m und 22 m.

24 *Anwendungsaufgabe: Radius und Flächeninhalt kreisförmiger Beete berechnen*
a) $A = \pi \cdot (3\ m)^2 \approx 28{,}27\ m^2$ **b)** $50\ m^2 = \pi r^2$; $r \approx 3{,}99$ m

Seite 112

25 *Anwendungsaufgabe: funktionalen Zusammenhang zwischen Radius und Tischfläche prüfen*

a) Ein Tisch mit einer Fläche von 2 m^2 hat einen Radius von $r \approx 0{,}8$ m, ein Tisch mit einer Fläche von 1 m^2 hat einen Radius von $r \approx 0{,}56$ m. Also ist Sarahs Behauptung falsch.

b) Die Fläche vervierfacht (verneunfacht, versechzehnfacht) sich.

26 *Anwendungsaufgabe: Höchstgeschwindigkeiten für gegebene maximale Bremswege berechnen*

a) s: Bremsweg in m; v: Geschwindigkeit in $\frac{\text{km}}{\text{h}}$

b) Ansätze: $10 = 0{,}01\,v^2$; $30 = 0{,}01v^2$; $50 = 0{,}01\,v^2$; $80 = 0{,}01\,v^2$
$v = 31{,}6\,\frac{\text{km}}{\text{h}}$ $(54{,}8\,\frac{\text{km}}{\text{h}};\ 70{,}7\,\frac{\text{km}}{\text{h}};\ 89{,}4\,\frac{\text{km}}{\text{h}})$

Allgemein quadratische Gleichungen lösen

Erforschen und Entdecken

Seite 113

1 *grafische Lösung quadratischer Gleichungen durch Ergänzung nachvollziehen*

a) von links:
$x^2 + 6x = 16$; Das gesamte Rechteck besteht aus einem grauen Quadrat mit dem Flächeninhalt x^2 und einem blauen Rechteck mit dem Flächeninhalt $6x$. Der Flächeninhalt insgesamt soll 16 sein.
$x^2 + 2 \cdot 3\,x = 16$; Man zerlegt das blaue Rechteck in zwei kleine Rechtecke, die jeweils den Flächeninhalt $3x$ haben. Man ordnet sie nun neu an, sodass sich die Randstreifen eines Quadrats ergeben.
$x^2 + 2 \cdot 3\,x + 3^2 = 16 + 3^2$ und $(x + 3)^2 = 25$; Man fügt nun ein rotes Quadrat (mit der Seitenlänge 3 und dem Flächeninhalt 3^2) hinzu. Es entsteht insgesamt ein Quadrat mit der Seitenlänge $x + 3$.

b) $x = 2$

c) $(-8 + 3)^2 = 25$; $(-5)^2 = 25$; Die Gleichung ist ebenfalls erfüllt.

d) Zeichnungen wie im Buch. Die Zahlenänderungen werden beschrieben.
von links:
$x^2 + 4\,x = 32$; Das blaue Rechteck nun mit 4 beschriften. (Das gesamte Rechteck soll nun einen Flächeninhalt von 32 haben.)
$x^2 + 2 \cdot 2\,x = 32$; Die zwei kleinen blauen Rechtecke nun mit 2 beschriften.
$x^2 + 2 \cdot 3\,x + 2^2 = 32 + 2^2$ und $(x + 2)^2 = 36$; Wiederum bleiben die zwei kleinen blauen Rechtecke mit 2 beschriftet. (Das hinzugefügte rote Quadrat hat die Seitenlänge 2. Somit ist der Flächeninhalt für das große Quadrat insgesamt 36.)
Lösungen: $x_1 = 4$ (grafisch); $x_2 = -8$

2 *Herleitung der p-q-Formel nachvollziehen und beschreiben*

a) Erläuterung mit eigenen Worten
b) $p = 6$; $q = -27$; $x_1 = 3$; $x_2 = -9$

Basisaufgaben

Seite 115

1 *p-q-Formel anwenden*

a) $x_1 = 0$; $x_2 = -6$
b) $x_1 = 1$; $x_2 = -25$
c) $x_1 = 17$; $x_2 = -1$
d) $x_1 = 36$; $x_2 = 12$
e) $y_1 = 3$; $y_2 = -19$
f) $a_1 = 2$; $a_2 = -1$
g) $x_1 = 0{,}9$; $x_2 = -0{,}5$
h) $y_1 = 70$; $y_2 = 20$
i) $y_1 = 25$; $y_2 = -7$
j) $x_1 = 10{,}5$; $x_2 = -3{,}5$
k) $x = 4$
l) $x_1 = -1$; $x_2 = -19$

2 *Gleichungen in binomische Formeln umwandeln und lösen*

a) $(x + 6)^2 = 121$; $x_1 = 5$; $x_2 = -17$
b) $(x - 8)^2 = 225$; $x_1 = 23$; $x_2 = -7$
c) $(x + 18)^2 = 361$; $x_1 = 1$; $x_2 = -37$
d) $(x - 8{,}5)^2 = 144$; $x_1 = 20{,}5$; $x_2 = -3{,}5$
e) $(x + 14)^2 = 324$; $x_1 = 4$; $x_2 = -32$
f) $(x + 0{,}9)^2 = 1{,}96$; $x_1 = 0{,}5$; $x_2 = -2{,}3$

3 *Anzahl der Lösungen von quadratischen Gleichungen ablesen und dann bestimmen*

a) $(a + 12)^2 = 484$; zwei Lösungen (positives Quadrat); $a_1 = 10$; $a_2 = -34$
b) $(y - 14)^2 = -20$; keine Lösung (negatives Quadrat)
c) $(z - 4)^2 = 4$; zwei Lösungen (positives Quadrat); $z_1 = 6$; $z_2 = 2$
d) $(b + 15)^2 = 0$; eine Lösung (Quadrat ist null); $b = -15$
e) $(m - 1)^2 = 144$; zwei Lösungen (positives Quadrat); $m_1 = 13$; $m_2 = -11$
f) $(17 + n)^2 = 0$; eine Lösung (Quadrat ist null); $n = -17$
g) $(0{,}5s + 29)^2 = 144$; zwei Lösungen (positives Quadrat); $s_1 = -34$; $s_2 = -82$

4 *Zahlenrätsel in Gleichungen übersetzen und lösen*

a) $(x + 9)^2 = 49$; $x_1 = -2$; $x_2 = -1$
b) $x^2 + 25 = 146$; $x_1 = -11$; $x_2 = 11$
c) $(x - 1)^2 = 225$; $x_1 = 16$; $x_2 = -14$
d) $(x - 1) \cdot (x + 1) = 168$; $x^2 - 1 = 168$; $x_1 = -13$; $x_2 = 13$

Seite 115

5 *quadratische Gleichungen in die Normalform umformen und lösen (nur natürliche Zahlen)*
a) $x_1 = 14;\ x_2 = 4$ **b)** $x_1 = 29;\ x_2 = 5$ **c)** $x_1 = -12;\ x_2 = -42$ **d)** $x_1 = 10;\ x_2 = 2$
e) $x_1 = -3;\ x_2 = -61$ **f)** $x_1 = 19;\ x_2 = 7$

6 *quadratische Ergänzungen bestimmen und damit Gleichungen lösen*
a) 36 ergänzt; $x_1 = 3;\ x_2 = -15$ **b)** 81 ergänzt; $x_1 = 23;\ x_2 = -5$ **c)** 49 ergänzt; $x_1 = 8;\ x_2 = -22$
d) 196 ergänzt; $x_1 = 33;\ x_2 = -5$ **e)** 256 ergänzt; $x_1 = 35;\ x_2 = -3$ **f)** 625 ergänzt; $x_1 = 5;\ x_2 = -55$
g) 484 ergänzt; $x_1 = 5;\ x_2 = -49$ **h)** 9 ergänzt; $x_1 = 27;\ x_2 = -21$

7 *mit eigenen Worten erklären, wie man die quadratische Ergänzung ermittelt*
Der Faktor vor x wird halbiert und dann quadriert.

8 *Sachaufgabe: Seitenlänge eines Quadrats verlängern (gegebenen Lösungsansatz begründen)*
a) x steht für die Seitenlänge des Platzes am Anfang. Die Seitenlänge wird um 5,5 m verlängert. Der Platz hat danach einen Flächeninhalt von $(x + 5{,}5)^2$ und soll 1560,25 m² groß sein.
b) Die positive Lösung ist $x = 34$. Der alte Platz hatte eine Seitenlänge von 34 m.

9 *Sachaufgabe: Radius eines Kreises verlängern (gegebenen Lösungsansatz begründen)*
a) x steht für den Radius des Beets am Anfang. Der Radius wird um 2 m verlängert. Der Platz hat danach einen Flächeninhalt von $\pi \cdot (x + 2)^2$ und soll 3500 m² groß sein.
b) Die positive Lösung ist $x \approx 31{,}38$. Der alte Platz hatte einen Radius von etwa 31,38 m.

Seite 116

10 *quadratische Gleichungen in die Normalform umformen und lösen (Dezimalbrüche)*
a) $x_1 = 2{,}1;\ x_2 = -2{,}5$ **b)** $x_1 = 2{,}5;\ x_2 = 0{,}7$ **c)** keine Lösung
d) $x_1 = -0{,}9;\ x_2 = -6{,}5$ **e)** $x_1 = 1{,}4;\ x_2 = -5{,}6$ **f)** $x_1 = 4{,}7;\ x_2 = 0{,}5$

11 *Gleichungen umformen und p-q-Formel anwenden*
a) $x^2 + 4x - 12 = 0;\ p = 4;\ q = -12;\ x_1 = 2;\ x_2 = -6$
b) $x^2 + 6x - 55 = 0;\ p = 6;\ q = -55;\ x_1 = 5;\ x_2 = -11$
c) $x^2 - 12x - 108 = 0;\ p = -12;\ q = -108;\ x_1 = 18;\ x_2 = -6$
d) $x^2 + 6x - 27 = 0;\ p = 6;\ q = -27;\ x_1 = 3;\ x_2 = -9$
e) $x^2 + 18x - 40 = 0;\ p = 18;\ q = -40;\ x_1 = 2;\ x_2 = -20$
f) $x^2 - 46x - 47 = 0;\ p = -46;\ q = -47;\ x_1 = 47;\ x_2 = -1$

12 *Gleichungen umformen (auch Division) und p-q-Formel anwenden*
a) $x^2 - 8x + 15 = 0;\ p = -8;\ q = 15;\ x_1 = 5;\ x_2 = 3$
b) $x^2 + 2x - 8 = 0;\ p = 2;\ q = -8;\ x_1 = 2;\ x_2 = -4$
c) $x^2 - 12x + 32 = 0;\ p = -12;\ q = 32;\ x_1 = 8;\ x_2 = 4$
d) $x^2 - 10x + 9 = 0;\ p = -10;\ q = 9;\ x_1 = 9;\ x_2 = 1$
e) $x^2 + 5{,}75x - 50 = 0;\ p = 5{,}75;\ q = -50;\ x_1 \approx 4{,}76;\ x_2 \approx -10{,}51$
f) $x^2 - 6x - 4 = 0;\ p = -6;\ q = -4;\ x_1 \approx 6{,}61;\ x_2 \approx -0{,}61$

13 *Fehler in verwendeter p-q-Formel erkennen*
① Man muss mit $-\frac{p}{2} = 4$ rechnen. Daher ist $x_1 = 4 + 1 = 5$ und $x_2 = 4 - 1 = 3$.

② Man muss in der Wurzel q subtrahieren, also hier + 14 rechnen. Somit steht in der Wurzel $\sqrt{\left(\frac{5}{2}\right)^2 + 14} = \sqrt{20{,}25} = 4{,}5$.
Man erhält die Lösungen $x_1 = 2$ und $x_2 = -7$.

14 *quadratische Gleichungen mit Verfahren der eigenen Wahl lösen (mit Dezimalzahlen)*
a) $x_1 = 0;\ x_2 = -14$ **b)** $x_1 = -2;\ x_2 = -18$ **c)** $x_1 \approx 7{,}77;\ x_2 \approx -0{,}77$ **d)** $x_1 = 4;\ x_2 = 0$
e) $x_1 = 7;\ x_2 = -7$ **f)** $x_1 = 9;\ x_2 = 0$ **g)** $x = \frac{2}{9}$ **h)** $x = 1{,}2$
i) $x = -3{,}9$ **j)** $x = 0{,}8$ **k)** $x_1 = 5;\ x_2 = 0$ **l)** $x_1 = 1{,}5;\ x_2 = 1$

15 *Änderung der Seitenlängen bestimmen, für gegebene Änderung des Flächeninhalts*
Das Rechteck hat die Seitenlängen a und b. Der Flächeninhalt ist $A = a \cdot b$. Multipliziert man beide Seitenlängen mit dem Faktor x, dann sind die Seitenlängen danach ax und bx. Der Flächeninhalt ist dann $(ax) \cdot (bx)$.
Das ist gleich $(a \cdot b) \cdot x^2$, also $A \cdot x^2$.
Das Vielfache des Flächeninhalts entspricht also dem Quadrat der Verlängerung.
Verdoppelt sich der Flächeninhalt, dann ist $x^2 = 2$ und damit $x = \sqrt{2}$.
Verdreifacht sich der Flächeninhalt, dann ist $x^2 = 3$ und damit $x = \sqrt{3}$.
Vervierfacht sich der Flächeninhalt, dann ist $x^2 = 4$ und damit $x = 2$.

Seite 116

16 *die Idee „wenn ein Produkt null ist, dann muss ein Faktor null sein" zum Lösen verwenden*

a) Melina hat erst die quadratische Ergänzung auf beiden Seiten addiert. Dann wendet sie die binomische Formel an. Sie unterscheidet dann, ob Wert in der quadrierten Klammer positiv oder negativ ist. So findet sie die zwei Lösungen. Jan hat x ausgeklammert, da es in beiden Termen enthalten ist. Er benutzt dann die Regel: Wenn ein Produkt null ist, dann muss ein Faktor null sein. Er überlegt dann, für welches x ein Faktor jeweils null sein kann.

b) Melina hat Recht. Es ist nur für solche Gleichungen geeignet, in denen man x ausklammern kann, also $ax^2 + bx = 0$. Gleichungen $ax^2 + bx + c = 0$, in denen noch eine Zahl addiert wird, kann man so nicht lösen.

c) ① $(x - 3)^2 = 9$; $x(x - 6) = 0$; $x_1 = 6$; $x_2 = 0$
② $(x + 6)^2 = 36$; $x(x + 12) = 0$; $x_1 = -12$; $x_2 = 0$
③ $(x - 12)^2 = 144$; $x(x - 24) = 0$; $x_1 = 24$; $x_2 = 0$
④ $(x - 4{,}5)^2 = 20{,}25$; $2x(x - 9) = 0$; $x_1 = 9$; $x_2 = 0$

17 *Sachaufgabe: Gleichung zum Sachverhalt begründend auswählen und lösen*

a) Die Gleichung ② passt. Das kleine Rechteck hat eine Länge von 70 cm, von denen zweimal der Abstand x abgezogen werden muss. Außerdem ist seine Breite 50 cm, von denen ebenfalls zweimal der Abstand x abgezogen wird. Der Flächeninhalt soll 1836 cm² sein und ergibt sich als Produkt aus Länge und Breite.
(In ① wird mit $1836 + 4x^2$ nicht das gesamte große Rechteck beschrieben. ③ würde nur stimmen, wenn das kleine Rechteck ein Quadrat wäre. Das kann es aber nicht sein.)

b) Die Gleichung ② hat die Normalform $x^2 - 60x + 416 = 0$. Die Lösungen sind $x_1 = 8$; $x_2 = 52$.

c) Da das große Rechteck 50 cm breit ist, kann der Abstand zum kleinen Rechteck nicht 52 cm sein. Somit ist nur $x_1 = 8$ eine sinnvolle Lösung (zur Probe: das kleine Rechteck hat damit die Seitenlängen 54 cm und 34 cm). Antwortsatz: Das kleine Rechteck hat zu allen Seiten des großen Rechtecks einen Abstand von 8 cm.

18 *Sachaufgabe: aus Umfang und Flächeninhalt eines Rechtecks die Seitenlängen bestimmen*

Die Seiten des Rechtecks sind 3,5 cm und 8 cm lang.
Vorgehen: Für den Flächeninhalt gilt $a \cdot b = 28$, für den Umfang $2a + 2b = 23$. Man stellt die Gleichung für den Umfang nach a um und erhält: $a = 11{,}5 - b$. Durch Einsetzen in die Gleichung für den Flächeninhalt erhält man: $b \cdot (11{,}5 - b) = 28$. Diese Gleichung hat die Normalform $b^2 - 11{,}5b + 28 = 0$. Die Lösungen sind $b_1 = 3{,}5$; $b_2 = 8$. Bestimmt man nun die andere Seite a, dann erhält man $a_1 = 8$ und $a_2 = 3{,}5$. Somit ist eine Seite 3,5 cm lang und die andere Seite 8 cm.

Weiterführende Aufgaben

Seite 117

19 *Nullstellen zeichnerisch bestimmen und rechnerisch überprüfen*

individuelle Zeichnung und Prüfung der abgelesenen Nullstellen; Lösungen:
a) $x_1 = 3$; $x_2 = -3$ **b)** keine Nullstellen **c)** $x_1 = -1$; $x_2 = -3$ **d)** $x_1 = 3$; $x_2 = -1$ **e)** keine Nullstellen

20 *zwei Funktionen auf gemeinsame Nullstellen und gleichen Graphen untersuchen*

a) Die Aussage stimmt. Beide Funktionen haben die Nullstellen $x_1 = 1$ und $x_2 = -5$.

b) Die Aussage stimmt nicht. Zum Beispiel geht f durch den Punkt $(0 \mid -5)$, aber g durch $(0 \mid -15)$.

21 *den Satz des Pythagoras für ein Dreieck aufstellen und Seitenlänge berechnen*

x soll die Länge der längeren Kathete sein und somit $x - 4$ die Länge der kürzeren Kathete.
Satz des Pythagoras: $x^2 + (x - 4)^2 = 400$; Normalform: $x^2 - 4x - 192 = 0$;
Lösungen: $x_1 = 16$; $x_2 = -12$; Es ist aber nur eine positive Lösung möglich. Somit ist die längere Kathete 16 cm lang.
Die kürzere Kathete ist 12 cm lang.

22 *Seitenlängen der Grundfläche eines quadratischen Prismas berechnen*

Skizze individuell;
Für ein Prisma gilt: Das Volumen ist der Flächeninhalt der Grundfläche mal die Höhe.
Für das erste Prisma gilt daher: $1983{,}75 = 15 \cdot a^2$. Somit ist die Seitenlänge $a = 11{,}5$ cm.
Für das zweite Prisma gilt: $2940 = 15 \cdot a_{neu}^2$. Somit ist die Seitenlänge $a_{neu} = 14$ cm.
Die Seitenlänge der Grundfläche wurde um $x = 2{,}5$ cm verlängert.

23 *Radius eines Kreises bestimmen (der vergrößert wurde)*

Der Radius des Kabels soll r sein. Dieser wird um 3,5 cm vergrößert. Somit gilt:
$\pi(r + 3{,}5)^2 = 70$. Die positive Lösung ist $r \approx 1{,}2$ cm. Der Durchmesser des Kabels ist etwa 2,4 cm groß.

24 *Seitenlängen eines Rechtecks berechnen für das die Diagonale und der Umfang gegeben ist*

Wenn die Seitenlängen a und b sind, so gilt mit dem Satz des Pythagoras: $a^2 + b^2 = 7{,}5^2 = 56{,}25$.
Für den Umfang gilt $2a + 2b = 21$. Stellt man dies nach a um, erhält man $a = 10{,}5 - b$. Setzt man dies in die andere Gleichung ein, erhält man: $(10{,}5 - b)^2 + b^2 = 56{,}25$. Die Normalform ist: $b^2 - 10{,}5b + 27 = 0$. Die Lösungen sind $b_1 = 6$ und $b_2 = 4{,}5$. Die dazugehörigen Lösungen sind $a_1 = 4{,}5$ und $a_2 = 6$.
Die Seiten des Rechtecks sind 6 cm und 4,5 cm lang.

Seite 117

25 *Sachaufgabe: veränderte Seitenlänge eines Grundstücks bestimmen*
Sie Seitenlängen des Grundstücks sollen vorher a und b sein. Für den Flächeninhalt gilt daher $a \cdot b = 609$.
Wenn das Grundstück um 96 m² kleiner wird, ist es danach noch 513 m² groß. Da die Seitenlängen jeweils um 2 m verkürzt werden, gilt dann: $513 = (a-2)\cdot(b-2) = ab - 2a - 2b + 4$.
Man kann nun verwenden, dass $a \cdot b = 609$ und erhält: $513 = 609 - 2a - 2b + 4$. Durch Umstellen erhält man $a = 50 - b$.
Das setzt man nun in die Gleichung für den Flächeninhalt ein und erhält die Gleichung: $(50 - b) \cdot b = 609$.
Die Normalform lautet $b^2 - 50b + 609 = 0$. Die Lösungen sind $b_1 = 29$ und $b_2 = 21$.
Die dazugehörigen Lösungen sind $a_1 = 21$ und $a_2 = 29$. Das Grundstück hatte die Seitenlängen 29 m und 21 m.

26 *Anleitung zum Bestimmen der Schnittpunkte von Funktionen nachvollziehen*
a) Zuerst setzt er die Funktionsgleichungen von f und g gleich. Dann formt er diese Gleichung um. Er erhält eine quadratische Gleichung in der Normalform. Er berechnet die zwei Nullstellen davon (mit der p-q-Formel). Die Lösungen sind die x-Werte der Schnittpunkte der Funktionen.
b) In der Probe setzt er die Lösungen x_1 und x_2 in beide Funktionen ein. Er prüft also, ob f und g an diesen Stellen denselben Funktionswert haben.
c) Die Schnittpunkte sind $(3\,|\,12)$ und $(1\,|\,4)$.

27 *Schnittpunkte von Funktionen berechnen*
Man kann wie im erklärten Schema der Aufgabe 26 vorgehen.
a) $P(-1\,|\,1)$; $Q(2\,|\,4)$ **b)** $P(-2{,}5\,|\,-2{,}25)$; $Q(2\,|\,0)$ **c)** $P(0\,|\,2)$; $Q(2\,|\,2)$ **d)** $P(2\,|\,1)$

28 *mögliche Anzahl der Schnittpunkte von Parabeln bzw. Parabeln und Geraden beschreiben*
Es können zwei Schnittpunkte, ein Schnittpunkt oder kein Schnittpunkt entstehen.
Beispiele: $f(x) = x^2$ hat...
...zwei Schnittpunkte mit $g(x) = 0{,}75x^2 + 1$ und $g(x) = 2x$
...einen Schnittpunkt mit $g(x) = (x+1)^2$ und $g(x) = 2x - 1$
...keinen Schnittpunkt mit $g(x) = x^2 + 1$ und $g(x) = x - 1$
Die Anzahl der Schnittpunkte ist die Anzahl der Lösungen der quadratischen Gleichungen, die sich aus den gleichgesetzten Funktionsgleichungen ergeben.

Seite 118

29 *Tabellenkalkulation für die p-q-Formel nachvollziehen und abändern*
a) In Zelle B2 steht der Wert von p und in der Zelle B3 steht der Wert für q. Somit lautet die Eingabe inhaltlich:
Wenn der Wert von $\left(-\frac{p}{2}\right)^2 - q \geq 0$ ist, dann wird die Zahl $-\frac{p}{2} + \sqrt{\left(-\frac{p}{2}\right)^2 - q}$ ausgegeben. Wenn aber $\left(-\frac{p}{2}\right)^2 - q < 0$ ist, dann wird der Text „Keine Lösung" ausgegeben.
Es wird also geprüft, ob der Wert unter der Wurzel berechnet werden kann. Wenn das geht, wird die erste Lösung aus der p-q-Formel ausgegeben.
b) Man kann die Formel so übernehmen und muss lediglich ein Minus statt Plus vor „WURZEL" verwenden. Dies ist ja die einzige Änderung in der p-q-Formel für die zweite Lösung.
(Hinweis: Wenn es nur eine Lösung gibt, also $\left(-\frac{p}{2}\right)^2 - q = 0$ ist, würde man zweimal diese Lösung ausgegeben bekommen. Daher könnte man auch dies noch verbessern, indem man bei der zweiten Abfrage $\left(-\frac{p}{2}\right)^2 - q > 0$ fordert, also eine echte Ungleichung. In dem Fall würde bei nur einer Lösung für x_2 „Keine Lösung" angezeigt.)
c) individuelle Übung mit der Tabellenkalkulation
d) individuell verschiedene Möglichkeiten; z.B.
Weg 1: Man lässt die Parameter a, b und c eingeben. Daraus berechnet man $p = b : a$ und $q = c : a$ in zwei anderen Zellen. Dann verwendet man wiederum den Befehl wie vorher.
Weg 2: Man lässt alles in einem Schritt berechnen. Es muss a (B4), b (B5) und c (B6) in die Zellen eingegeben werden. Die Wenn-Funktion müsste so aussehen:
x_1: =WENN((-B5/(2*B4))^2-B6/B4>=0;-B5/(2*B4)+WURZEL((-B5/(2*B4))^2-B6/B4);"keine Lösung")
x_2: =WENN((-B5/(2*B4))^2-B6/B4>=0;-B5/(2*B4)-WURZEL((-B5/(2*B4))^2-B6/B4);"keine Lösung")

30 *Aussagen zur p-q-Formel untersuchen (Tabellenkalkulation als Unterstützung nutzen)*
a) falsch **b)** falsch **c)** richtig **d)** richtig **e)** individuell

31 *Nullstellen von Funktionen mit einer Tabellenkalkulation berechnen*
a) $x_1 = 1{,}5$; $x_2 = -8$ **b)** $x_1 = 12$; $x_2 = 2$ **c)** $x_1 = 1{,}25$; $x_2 = -4$ **d)** $x_1 = 7$; $x_2 = 2$

Seite 118

32 *Anwendungsaufgabe: Größen einer Dachkonstruktion aus Dreiecksprismen berechnen*

a) Die Hypotenuse soll c sein. Damit sind die Katheten $c - 1$ und $c - 0{,}5$ lang.
Der Satz des Pythagoras lautet dann: $c^2 = (c - 1)^2 + (c - 0{,}5)^2$. Die Normalform ist dann: $c^2 - 3c + 1{,}25 = 0$.
Die Lösungen lauten: $c_1 = 2{,}5$; $c_2 = 0{,}5$. Allerdings kann eine Kathete nicht 1 m kürzer als 0,5 m sein.
Somit ist nur $c_1 = 2{,}5$ möglich.
Die Hypotenuse ist 2,5 m lang, eine Kathete 2 m lang und die andere Kathete 1,5 m lang.

b) $0{,}5\,(2 \cdot 1{,}5) = 1{,}5$; Der Flächeninhalt der Stirnfläche beträgt 1,5 m².

c) Die Glasfläche besteht aus sechs Rechtecken. Sie sind 7,5 m lang. Die Breiten entsprechen den Kathetenlängen, also 2 m und 1,5 m. Daher ist der Flächeninhalt der Dachfläche $3 \cdot 7{,}5 \cdot 2 + 3 \cdot 7{,}5 \cdot 1{,}5 = 78{,}75$. Die Glasfläche ist 78,75 m² groß.

d) 78,75·375 € = 29531,25 €; Die zu erwartenden Kosten sind etwa 29530 € groß.

33 *Breite und Höhe einer Brücke bestimmen, dazu Nullstellen berechnen*

a) Die Nullstellen der Funktion sind $x_1 = 0$ und $x_2 = 7{,}5$. Die Brücke ist 7,5 m breit.

b) Die Scheitelpunktform lautet $f(x) = -0{,}4\,(x - 3{,}75)^2 + 5{,}625$ und der Scheitelpunkt $S\,(3{,}75\,|\,5{,}625)$.
Die maximale Höhe beträgt ca. 5,6 m.

34 *Zinssatz bei Zinseszinsen berechnen*

Wenn der Zinssatz x ist, dann gilt: $1273{,}08 = 1200\,(1 + x)^2$.
Die Normalform ist dann: $x^2 + 2x - 0{,}0609 = 0$; positive Lösung: $x = 0{,}03$ Der Zinssatz beträgt 3 %.

35 *Zinssatz bei Zinseszinsen berechnen (verändertes Kapitel zunächst bestimmen)*

Nach zwei Jahren ist das Kapital 1082,60 € hoch. Wenn der Zinssatz x ist, dann gilt: $1082{,}60 = 999\,(1 + x)^2$.
Die Normalform ist dann: $x^2 + 2x - \frac{83{,}6}{999} = 0$; positive Lösung: $x \approx 0{,}041$ Der Zinssatz beträgt etwa 4,1 %.

Methode: Quadratische Gleichungen zeichnerisch lösen

Seite 119

36 *rein quadratische Gleichungen zeichnerisch lösen (oder mit Einsatz eines Funktionenplotters)*

zeichnerische Lösung; Werte kann man nur ungefähr ablesen; hier exakte Werte angegeben:

a) $x_1 \approx -1{,}41$; $x_2 \approx 1{,}41$ **b)** $x_1 \approx -1{,}22$; $x_2 \approx 1{,}22$ **c)** $x_1 = -2$; $x_2 = 2$ **d)** keine Lösung

e) $x_1 \approx -3{,}46$; $x_2 \approx 3{,}46$ **f)** $x_1 \approx -2{,}35$; $x_2 \approx 2{,}35$

37 *allgemein quadratische Gleichungen mit dem Funktionenplotter lösen*

a) $x_1 = -1$; $x_2 = 3$ **b)** $x_1 = 0$; $x_2 = 3$ **c)** $x_1 = -9$; $x_2 = 1$ **d)** $x_1 = 0$; $x_2 = 5$

e) $x_1 = -1$; $x_2 = 5$ **f)** $x = -3$

38 *Aussagen über Gleichungen ergänzen*

a) in zwei Punkten **b)** nicht

39 *Gleichungen und Graphen einander zuordnen; Lösungszeichnungen vergleichen und bewerten*

Ⓐ ③ Parabel zu $f(x) = -\frac{1}{4}x^2$ und Gerade zu $g(x) = 2$

❶ Normalparabel und Gerade zu $g(x) = -8$

Es wurden beide Funktionsgleichungen mit -4 multipliziert, damit man die Normalparabel betrachten kann.
Beide Zeichnungen zeigen, dass keine Schnittpunkte existieren, also keine Lösungen.

Ⓑ ② Parabel zu $f(x) = -\frac{1}{2}x^2$ und Gerade zu $g(x) = -2$

❸ Normalparabel und Gerade zu $g(x) = 4$

Es wurden beide Funktionsgleichungen mit -2 multipliziert, damit man die Normalparabel betrachten kann.
Beide Zeichnungen zeigen, dass die Schnittpunkte bei $x_1 = 2$ und bei $x_2 = -2$ liegen. Das sind die Lösungen.

Ⓒ ① Parabel zu $f(x) = 2x^2$ und Gerade zu $g(x) = 2$

❷ Normalparabel und Gerade zu $g(x) = 1$

Es wurden beide Funktionsgleichungen durch 2 dividiert, damit man die Normalparabel betrachten kann.
Beide Zeichnungen zeigen, dass die Schnittpunkte bei $x_1 = 1$ und bei $x_2 = -1$ liegen. Das sind die Lösungen.

Bewertung: Man erhält jeweils die gleichen Lösungen. Bei ①, ② und ③ wird nur bis zur Form $a \cdot x^2 = b$ umgeformt, so hat man weniger Rechenaufwand, aber mehr Zeichenaufwand, weil Stauchung bzw. Streckung berücksichtigt werden müssen. Umgekehrt ist es bei ❶, ❷ und ❸, weil hier nur die Normalparabel gezeichnet werden muss.

Thema: Gewinnoptimierung – Mit dieser Schülerband ist zu rechnen!

Seite 120

1 *linearen Zusammenhang aus einem Text in einer Tabelle darstellen*

Absatz	135	130	125	120	115	110	105	100	95	90	85	80	75	70	65
Preis in €	3	4	5	6	7	8	9	10	11	12	13	14	15	16	17

Seite 120

2 *linearen Zusammenhang im Koordinatensystem darstellen und Funktionsgleichung begründen*
Darstellung in einem Koordinatensystem; Aufgrund der „dichten" Lage der Punkte für die Anzahlen kann der Graph als Linie gezeichnet werden.
Die Gerade schneidet die y-Achse im Punkt $(0 \mid 30)$, sodass man den y-Achsenabschnitt 30 ablesen kann. Der Anstieg kann durch ein Steigungsdreieck oder durch Einsetzen eines Punktes in die Gleichung $y = ax + 30$ ermittelt werden.

3 *Einnahmen berechnen, wenn bei anderem Preis andere Stückzahl verkauft wird*
Bei einem Preis von 10 € werden 100 CDs verkauft, also 1000 € eingenommen. Bei einem Preis von 8 € werden 110 CDs verkauft, also 880 € eingenommen. (Bei einem Preis von 12 € werden 90 CDs verkauft, also 1080 € eingenommen.)

Seite 121

4 *Sachaufgabe: Funktionsgleichung der Einnahmen aufstellen und Scheitelpunkt bestimmen*
Bei einem Preis von 3 € verkauft man 135 CDs. Damit hat man Einnahmen von 405 €. In dieser Form kann man die Wertetabelle aufstellen:

Preis in €	3	4	5	6	7	8	9	10	11	12	13	14	15	16	17
Einnahmen in €	405	520	625	720	805	880	945	1000	1045	1080	1105	1120	1125	1120	1105

Der Scheitelpunkt ist somit $S(15 \mid 1125)$. Für einen Preis von 15 € erhält man daher die meisten Einnahmen, nämlich 1125 €.
Um die Funktionsgleichung zu finden stellt man die Scheitelpunktform auf: $f(x) = a\,(x - 15)^2 + 1125$.
Setzt man z. B. den Punkt $(10 \mid 1000)$ ein, erhält man $1000 = 25\,a + 1125$ und somit $a = -5$.
Die Funktionsgleichung für die Einnahmen lautet daher $f(x) = -5\,x^2 + 150\,x$.
(Hinweis: Dass die Gleichung stimmt, erkennt man wie folgt. Für einen Preis x hat man einen Absatz von $-5\,x + 150$. Dies muss man noch mit dem Preis multiplizieren, um die Einnahmen zu erhalten. Das Ergebnis ist genau die Funktionsgleichung.)

5 *Funktionsgleichung für die Kosten (Fixkosten plus Stückkosten) aufstellen*
Die Funktionsgleichung für die Kosten lautet: $f(x) = 1{,}5x + 500$. Die Kosten für 100 CDs betragen also 650 €.

6 *Gewinnfunktion (aus Einnahmenfunktion und Kostenfunktion) bestimmen und untersuchen*
Bei einem Preis von 10 € haben sie Einnahmen von 1000 € und Kosten von 650 €. Der Gewinn beträgt somit 350 €.
Die angegebene Funktionsgleichung kann man durch Einsetzen von Werten prüfen.
Man kann sie auch so herleiten:
Bei einer Menge x, erhält man den Preis $-0{,}2x + 30$. Man hat also Einnahmen von $-0{,}2\,x^2 + 30\,x$. Davon muss man noch die Kosten von $1{,}5x + 500$ abziehen.
Man erhält die Funktionsgleichung $f(x) = -0{,}2x^2 + 28{,}5x - 500$ für den Gewinn.

a) An den Nullstellen liegt weder Gewinn noch Verlust vor.
b) Bei 71 produzierten CDs ist der Gewinn maximal (515,30 €). (Der Scheitelpunkt liegt nämlich bei $(71{,}25 \mid 515{,}3125)$).
c) Bestätigung mithilfe eines Funktionenplotters

7 *für festen Preis berechnen, ab welchem Absatz man Gewinn erzielt*
Bei einem Preis von 11 € wird die Band 95 CDs produzieren. Daher ergeben sich Kosten von 642,50€.
Die Band muss mindestens 59 CDs verkaufen, um keine Verluste zu machen. Sie nimmt dann nämlich $59 \cdot 11$ € $= 649$ € ein und hat einen Gewinn von 6,50 €.

8 *für gegebenen Gewinn die mögliche verkaufte Stückzahl bestimmen*
Für die Gewinnfunktion $f(x) = -0{,}2x^2 + 28{,}5x - 500$ sucht man die Werte, die am nächsten an 103 herankommen, aber darüber liegen.
Bei verkauften 26 CDs erzielt man einen Gewinn von 105,80 €.
Bei verkauften 116 CDs erzielt man einen Gewinn von 114,80 €.
Die Band hat entweder 26 CDs oder 116 CDs verkauft, um einen solchen Gewinn zu erwirtschaften.

9 *Gewinn berechnen, wobei es Rabatte für einzelne Gruppen gibt*
Die Kosten liegen bei $1{,}5 \cdot 150 + 500 = 725$ €.
Für 5 CDs erhalten sie nichts. Für 80%, also 120 CDs, erhalten sie jeweils 11€.
Für den Rest, also 25 CDs erhalten sie jeweils $0{,}85 \cdot 11$ € $= 9{,}35$ €.
Ihre Einnahmen sind daher $120 \cdot 11$ € $+ 25 \cdot 9{,}35$ € $= 1553{,}75$ €. Davon zieht man die Kosten ab.
Der Gewinn liegt dann bei 828,75 €.

Vermischte Übungen

Seite 122

1 *Lückentext zu rein quadratischen Gleichungen ergänzen*
rein quadratische; Variable; Potenz; zwei; keine; eine

2 *Gleichungen lösen; begründen, falls es keine Lösung gibt*
a) $x_1 = -99$; $x_2 = 99$ **b)** $x_1 = -33$; $x_2 = 33$ **c)** nicht lösbar, weil Quadrat nie negativ
d) $x_1 = -27$; $x_2 = 27$ **e)** $x_1 = -26$; $x_2 = 26$ **f)** $x_1 = -23$; $x_2 = 23$ **g)** $x_1 = -2{,}5$; $x_2 = 2{,}5$
h) $x_1 = -4$; $x_2 = 4$ **i)** $x_1 = -12$; $x_2 = 12$ **j)** $x_1 = -5$; $x_2 = 5$

3 *Gleichungen ergänzen, sodass es die angegebene Anzahl von Lösungen gibt*
individuelle Lösungen; Für das Eingesetzte muss aber gelten:
a) ■ $= 0$ **b)** ■ < 3 **c)** ■ < 5 **d)** ■ $= -4$ **e)** ■ > -1 **f)** ■ > 6

4 *Kantenlänge eines Würfels aus dem Oberflächeninhalt berechnen*
$6a^2 = 37{,}5$; $a = 2{,}5$; Der Würfel hat eine Kantenlänge von 2,5 cm.

5 *erkennen und beschreiben, dass eine Gleichung möglicherweise durch 0 dividiert wurde*
Durch x darf man nur dividieren, wenn man sicher ist, dass x nicht null ist. Das muss man vorher prüfen, denn durch null darf nicht geteilt werden. Hier ist $x = 0$ tatsächlich auch eine Lösung. Es gibt also zwei Lösungen.

6 *Zahlenrätsel lösen*
$x \cdot 2x = 72$; $2x^2 = 72$; $x^2 = 36$; $x_1 = -6$; $x_2 = 6$

7 *Anwendungsaufgabe: Länge einer Wiese aus der Diagonalen und der Breite berechnen*
$115^2 = x^2 + 69^2$ (Pythagoras); $x^2 = 8464$; $x = 92$ Die Wiese ist 92 m lang.

8 *allgemein quadratische Gleichungen lösen*
a) $x_1 = 4$; $x_2 = -13$ **b)** $x_1 = 7$; $x_2 = -8$ **c)** $x_1 = 4$; $x_2 = -25{,}5$ **d)** $x_1 = 18$; $x_2 = -0{,}4$

9 *veränderten Kreisradius berechnen*
Der Radius des Kreises soll r sein. Der Flächeninhalt vorher ist somit $\pi\, r^2$. Danach ist er $3\,\pi\, r^2$ groß und kann durch $\pi\,(r+2)^2$ berechnet werden. Somit gilt: $\pi\,(r+2)^2 = 3\,\pi r^2$; $r^2 - 2\,r - 2 = 0$
Positive Lösung: $r \approx 2{,}73$ Der Radius des ersten Kreises beträgt etwa 2,73 cm.

10 *Zusammenhang zwischen Lösungen und Parametern p und q erkennen und zur Probe nutzen*
a) $p = -(x_1 + x_2)$; $q = x_1 \cdot x_2$
b) ① $x_1 = 7$; $x_2 = 8$; ② $x_1 = 11$; $x_2 = -4$; ③ $x_1 = 9$; $x_2 = 4$; ④ $x_1 = -5$; $x_2 = -10$

11 *Gleichungen und ihre Lösungen einander zuordnen*
Ⓐ ③; Ⓑ ①; Ⓒ ②; Ⓓ ④; Ⓔ ⑤; Ⓕ ⑥

12 *Diagonalen einer Raute berechnen, von der die Seitenlänge bekannt ist*
a) Variablen für halbe Diagonalen: x und y. Dabei soll y länger sein, also $y = x + 4$.
Es entsteht ein rechtwinkliges Dreieck. Die Hypotenuse ist die Seitenlänge der Raute (also 20 cm), die Katheten sind x und y. Mit dem Satz des Pythagoras gilt: $x^2 + y^2 = 20^2$;
$x^2 + (x+4)^2 = 400$; $x^2 + 4\,x - 192 = 0$; Positive Lösung: $x = 12$; $y = 16$;
Die Diagonalen sind 24 cm und 32 cm lang.
b) $A = 384\ \text{cm}^2$ (Der Flächeninhalt einer Raute ist die Hälfte des Produkts ihrer Diagonalen.)

Seite 123

13 *Wachstumsfaktor von Bakterienzahl bestimmen*
Pro Stunde wächst die Anzahl auf das q-fache.
$675 = 300 \cdot q^2$; $q = 1{,}5$; Wachstum um 50%;
Die Bakterien vermehren sich stündlich um 50%.

14 *Zusammenhang der Lösungen und der Linearfaktorform mit Anleitung begründen*
a) Durch Einsetzen der Lösungen x_1 und x_2 wird jeweils ein Faktor null. Damit ist das Produkt auch null.
b) $x^2 + px + q = (x - x_1)\,(x - x_2)$
$x^2 + px + q = x^2 - xx_1 - xx_2 + x_1\,x_2$
$px + q = -x\,(x_1 + x_2) + x_1\,x_2$; $p = -(x_1 + x_2)$; $q = x_1\,x_2$

Seite 123

15 *quadratische Gleichungen zu gegebenen Lösungen finden*

Als Ansatz könnte man den Zusammenhang der Lösungen mit den Parametern p und q verwenden und so die Normalform aufstellen. Auch könnte man die Linearfaktorform direkt aufstellen. Die erhaltenen Gleichungen könnte man auch noch mit einem Faktor multiplizieren. Beispiele:

a) $(x-7)(x-3)=0$ **b)** $x^2-x-30=0$ **c)** $8(x+4)(x-12)=0$ **d)** $2x^2-8x-64=0$

16 *Parameter in einer Linearfaktorform bestimmen, sodass nur eine Lösung möglich ist*

Für $a=-2$ gibt es nur eine Lösung und zwar $x=-2$.
Weg 1: Es entsteht ein Binom, für das es nur eine Lösung gibt: $(x+2)^2=0$.
Weg 2: Durch den ersten Faktor erkennt man, dass $x=-2$ eine Lösung ist. Damit es nicht noch eine weitere gibt, muss auch der zweite Faktor für $x=-2$ zu null werden. Also $-2-a=0$ muss gelten.

17 *Formel für Anzahl der Eckverbindungen in Vieleck erforschen und beweisen*

Zeichenübung

a) Die Anzahl der Verbindungslinien in den Zeichnungen zählen. Man erhält:
Dreiecke: 3; Viereck: 6; Fünfeck: 10; Sechseck: 15;
Dafür prüft man dann die Gleichung; z. B. $f(5)=0{,}5\cdot 25-0{,}5\cdot 5=10$.

b) Man kann die Gleichung verwenden. Achteck 28; Zehneck 45; Zwanzigeck 190

c) Beim Achtzehneck gibt es genau 153 Verbindungslinien.
Ansatz: $153=0{,}5n^2-0{,}5n$; Die Lösung ist $n=18$.

d) Jeder Eckpunkt kann mit jedem anderen (außer sich) verbunden werden. Bei einem n-Eck kann also der erste Punkt mit $(n-1)$ Ecken verbunden werden. Der zweite Eckpunkt dann nur noch mit $(n-2)$ Ecken, der dritte mit $(n-3)$ Ecken und so weiter. Man kann also $(n-1)+(n-2)+(n-3)+\ldots+1$ Verbindungslinien zeichnen. Diese Summe ist gleich $0{,}5n(n-1)$. Wenn man die Klammer noch ausmultipliziert erhält man die angegebene Formel.
(Hinweis: Warum $(n-1)+(n-2)+(n-3)+\ldots+1=0{,}5n(n-1)$ gilt, wird häufig mit einer Geschichte über Gauß erklärt. Der hat schon als kleiner Junge die Formel selbständig verwendet. Seine Idee war folgende. Man kann $(n-1)$ und 1 addieren und bekommt n. Wenn man $(n-2)$ und 2 addiert, erhält man ebenfalls n. Insgesamt gibt es $0{,}5(n-1)$ Summanden, die alle n ergeben.)

18 *Flächen und Streifen einer Flagge berechnen*

a) Der Flächeninhalt der weißen Fläche beträgt 1,2 m².
Vorgehen z. B. wie in b) nur mit konkreten Werten

b) Vom Flächeninhalt der gesamten Flagge $(1{,}8\cdot 1{,}1)$ wird der Flächeninhalt der beiden blauen Streifen abgezogen. Diesen kann man wie folgt berechnen.
Weg 1: $1{,}8x+1{,}1x-x^2$; Man muss x^2 abziehen, da das Quadrat auf beiden Streifen liegt und nicht doppelt gezählt werden darf.
Weg 2: $1{,}8x+(1{,}1-x)\cdot x$; Von einem Streifen nimmt man das Stückchen heraus, das zu beiden Streifen gehört.
Insgesamt haben die blauen Streifen einen Flächeninhalt von $2{,}9x-x^2$.
Somit erhält man für die weiße Fläche einen Flächeninhalt von:
$1{,}8\cdot 1{,}1-(2{,}9x-x^2)=x^2-2{,}9x+1{,}98$.

c) Die Flagge hat eine Gesamtfläche von 1,98. Davon sind $\frac{2}{3}$ gleich 1,32 m².
Die Gleichung $x^2-2{,}9x+1{,}98=1{,}32$ hat die Lösungen $x_1\approx 0{,}25$; $x_2\approx 2{,}65$. Dabei kann x_2 keine Lösung für die Situation sein, denn die Fahne ist ja nur 1,80 m breit. Somit müssen die blauen Streifen etwa 0,25 m breit sein.

d)
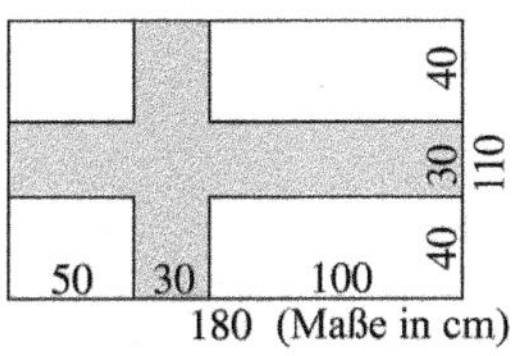

19 *Sachaufgabe: Höhen und Weiten beim Kugelstoßen aus der Funktionsgleichung bestimmen*

a) Scheitelpunkform $f(x)=-0{,}04(x-7{,}5)^2+4{,}41$; Scheitelpunkt $S(7{,}5\,|\,4{,}41)$;
Die Kugel erreicht eine maximale Höhe von 4,41 m.

b) Normalform: $x^2-15x-54=0$; Nullstellen $x_1=-3$; $x_2=18$;
Die Kugel fliegt 18 m weit.

c) $f(10)=4{,}16$; Die Kugel befindet sich dann 4,16 m über der Markierung.

Seite 124

Gebühren für Regenwasser

a) Das Wohnhaus ist 108 m^2 groß. (Es ist 12 m breit und 9 m lang.)

b) Garten: Länge: $2{,}5x + 12$; Breite: $x + 14$;
Wohngrundstück: Länge: $2y + 9$; Breite: $2y + 12$

c) Es gilt $x = 2$ m.
Das Grundstück ist dann 16 m breit und 17 m lang und hat somit einen Flächeninhalt von 272 m^2.
Der Schuppen ist 2 m breit und 5 m lang und somit 10 m^2 groß.
Die bebaute Fläche beträgt daher 10 m^2 und die unbebaute Fläche 262 m^2.
Die Gebühren betragen somit $10 \cdot 1{,}78$ € + $262 \cdot 1{,}37$ € = 376,74 €.
Es müssten 376,74 € Gebühren für Regenwasser bezahlt werden.

d) Es gilt $y = 4$ m.
Das Grundstück ist dann 20 m breit und 17 m lang und hat einen Flächeninhalt von 340 m^2. Das Haus ist 108 m^2 groß und der Eingangsweg 8 m^2 (da 2 m breit und 4 m lang). Den Flächeninhalt der Einfahrt könnte man so berechnen:
Die Einfahrt ist ein Trapez mit parallelen Seiten, die 9 m und 2,5 m lang sind, und einer Höhe von 4 m.
Der Flächeninhalt ist somit $\frac{9 + 2{,}5}{2} \cdot 4 = 23$ [m^2].
Somit sind insgesamt 139 m^2 bebaut und 201 m^2 unbebaut.
Die Gebühren betragen somit $139 \cdot 1{,}78$ € + $201 \cdot 1{,}37$ € = 522,79 €.
Es müssten 522,79 € Gebühren für Regenwasser bezahlt werden.

e) Für den Flächeninhalt des Gartens gilt: $(2{,}5x + 12) \cdot (x + 14) = 793{,}5$.
Die Normalform lautet: $x^2 + 18{,}8x - 250{,}2 = 0$; positive Lösung: $x = 9$;
Der Schuppen ist 9 m breit und 22,5 m lang.
Er hat somit einen Flächeninhalt von 202,5 m^2.
Die unbebaute Fläche beträgt 793,5 m^2 – 202,5 m^2 = 591 m^2.
Somit muss man Gebühren von $202{,}5 \cdot 1{,}78$ € + $591 \cdot 1{,}37$ € = 1170,12 € bezahlen.

f) Für den Flächeninhalt des Wohngrundstücks gilt: $(2y + 9) \cdot (2y + 12) = 616$.
Die Normalform lautet: $y^2 + 10{,}5y - 127 = 0$; positive Lösung $y \approx 7{,}18$;
Der Abstand des Hauses zum Zaun beträgt etwa 7,18 m.
Das Haus ist 108 m^2 groß, der Eingangsweg $2 \cdot 7{,}18 = 14{,}36$ [m^2] und die Einfahrt $\frac{9 + 2{,}5}{2} \cdot 7{,}18 = 41{,}285$ [m^2].
Somit sind etwa 163,645 m^2 bebaut. Unbebaut sind somit $616 - 163{,}645 = 452{,}355$ [m^2].
Die Gebühren betragen somit $163{,}645 \cdot 1{,}78$ € + $452{,}355 \cdot 1{,}37$ € ≈ 911,01 €.
Die Gebühren für das Regenwasser betragen etwa 911 €.

g) Am Anfang sind 150 m^2 bebaut und 450 m^2 unbebaut. Ab Juli sind $1{,}05 \cdot 150 = 157{,}5$ [m^2] bebaut und 442,5 m^2 unbebaut.
Die Gebühren sind somit: 0,5 (150 · 1,78 € + 450 · 1,37 €) + 0,5 (157,5 · 1,78 € + 442,5 · 1,37 €) = 885,0375 €.
Die Gebühren für das Regenwasser betragen etwa 885 €.

Daten und Zufall

Noch fit?

Seite 128

1 *Brüche und Dezimalzahlen in Prozentschreibweise angeben*
a) 10 % **b)** 80 % **c)** 40 % **d)** 3 % **e)** 23 %

2 *Prozentwerte bestimmen*
a) 6 € **b)** 370 kg **c)** 21 cm **d)** 51 €

3 *Winkel zeichnen*
Zeichenübung mit dem Geodreieck

4 *in Tabellen gegebene Daten in Diagramm nach eigener Wahl darstellen*
individuelle Darstellung in Diagrammen; Säulendiagramme sind dabei sinnvoll.

5 *Anteile in Kreisdiagrammen abschätzen und bestimmen*
a) grün und lila; grün und blau; grün und rot
b) Nein, sie füllen zusammen keine 75 %. 75 % sind nämlich drei Viertel des Kreises und man erkennt, dass rot und grün weniger füllen.
c) Es sind 25 % rot gefärbt. Die rote Fläche hat nämlich einen Winkel von 90° und macht daher ein Viertel des Kreises (360°) aus.
d) Die grüne Fläche hat in Wirklichkeit einen Winkel von 153 ° und macht daher 42,5 % aus. Liest man den Winkel nur ungefähr mit 150° ab, dann sind 150° : 360° ≈ 42 %. Ein geschätzter Wert von etwa 40 % ist also ein gut gerundeter Wert.

6 *Kreisdiagramm zeichnen*
individuelle Zeichnung; Die Winkel betragen dabei Wannsee 60°; Müggelsee 90°; Werbellinsee 75° und Scharmützelsee 135°.
Es gab insgesamt 72 Antworten. Die Gradzahl kann man auf zwei Wegen bestimmen.
1. Man erkennt, dass 72 genau ein Fünftel von 360° ist. Somit muss man nur die Anzahl der Antworten mit 5 multiplizieren und erhält die Gradzahl.
2. Man rechnet mit der Verhältnisgleichung (oder dem Dreisatz). Zum Beispiel sind 12 von 72 Antworten Wannsee gewesen. Man muss lösen: $\frac{12}{72} = \frac{x}{360°}$. x ist dann 60°.

7 *Brüche multiplizieren (als Vorübung für die Produktregel)*
a) $\frac{6}{56} = \frac{3}{28}$ **b)** $\frac{77}{117}$ **c)** $\frac{12}{33} = \frac{4}{11}$ **d)** $\frac{90}{276} = \frac{15}{46}$ **e)** $\frac{120}{150} = \frac{4}{5}$

8 *Wahrscheinlichkeit bei einstufigem Zufallsexperiment bestimmen*
a) $\frac{1}{6}$ **b)** $\frac{5}{6}$ **c)** $\frac{1}{3}$ **d)** $\frac{1}{2}$

Bunt gemischt

1. 180°
2. ... = 280 + 14 = 294; Distributivgesetz (oder Verteilungsgesetz)
3. $A = a^2 = 27{,}04\ \text{cm}^2$;
$A_{2a} = (2a)^2 = 4a^2 = 4 \cdot 27{,}04\ \text{cm}^2 = 108{,}16\ \text{cm}^2$ Der Flächeninhalt vervierfacht sich.
$A_{3a} = (3a)^2 = 9a^2 = 9 \cdot 27{,}04\ \text{cm}^2 = 243{,}36\ \text{cm}^2$ Der Flächeninhalt verneunfacht sich.

Statistische Darstellungen kritisch analysieren

Erforschen und Entdecken

Seite 129

1 *Fehler in Diagrammen entdecken, erläutern und korrigieren*

a) Kreisdiagramm:
Fehler: Die Prozentsätze ergänzen sich nicht zu 100 %, sondern nur zu 80 %.
Korrektur: Es kommt darauf an, was den Fehler verursacht hat. Wenn es nur diese vier Antwortmöglichkeiten gab, dann muss man die Prozentangabe neu und richtig berechnen. Nach Messen ergeben sich „Ich stimme voll zu" 155°, ca. 43 %; „Ich stimme zu" 65°; ca. 18 %; „Ich stimme teilweise zu" 100°, ca. 28 %; „Ich stimme nicht zu" 40 °, ca. 11 %. Eventuell wurde auch eine Antwort wie „Keine Angabe" vergessen, die 20 % ausmacht. In dem Fall muss man auch diese im Kreisdiagramm darstellen. Es müssen dann allerdings die Gradzahlen für den entsprechenden Anteil verwendet werden (d.h. 10 % = 36°; 15 % = 54°; 20 % = 72°, 35 % = 126°).
weiterer Fehler: Überschrift fehlt
Säulendiagramm:
1. Fehler: Die y-Achse ist nicht korrekt eingeteilt. Der erste Schritt von 0 zu 100 ist 100 und danach sind die Schritte jeweils 10.
Korrekturmöglichkeiten: neue Einteilung der y-Achse (0 bis 150) in Zehnerschritten; oder: Kennzeichnung eines „Sprunges" von 0 zu 100 durch das dafür übliche Zeichen
weitere Fehler: Überschrift fehlt; x-Achse ist mit einem Pfeil versehen (nicht üblich bei Säulendiagrammen)

b) individuelle Vorschläge, z. B.:
„Befragung in der 10. Klasse: Soll in der Cafeteria ein Getränkeautomat angeschafft werden?" für das Kreisdiagramm; „Stromkosten" für das Säulendiagramm

2 *Wirkung von Diagrammen vergleichen*

a) Das rechte Diagramm vermittelt im Vergleich zum linken den Eindruck viel größerer Umsatzschwankungen. Außerdem sieht es dort so aus, als ob es tendenziell stark steigt. Im linken Diagramm dagegen sieht es so aus, als ob sich nicht viel verändert.

b) Die y-Achse beginnt links bei 0 und reicht bis 120. Die y-Achse beginnt dagegen rechts erst bei 100 und reicht nur bis 106. Das Koordinatensystem ist entlang der x-Achse gestaucht im rechten Diagramm.

3 *Darstellung von Sachverhalten mit Piktogrammen vergleichen*

a) Es werden Flächeninhalte wahrgenommen. Bei der Darstellung der Geldscheine stehen nicht die Flächeninhalte in Relation zu den Geldbeträgen, sondern die Länge und die Breite der Scheine.

b) Damit die Flächeninhalte der Geldscheine den Verhältnissen entsprechen, muss der Flächeninhalt für Bernd 1,25-mal und der für Colin 1,375-mal so groß wie der für Vasko sein. z.B. (in cm): Vasko 2×1; Bernd $2{,}5 \times 1$ und Colin $2{,}75 \times 1$. Möchte man sogar, dass die Geldscheine immer das gleiche Verhältnis von Breite und Länge haben, dann kann man verwenden (in cm): 2×1; $\approx 2{,}2 \times \approx 1{,}1$; $\approx 2{,}3 \times \approx 1{,}2$

c) individuell verschieden, z. B. mit dreidimensionalen Objekten

d) Er wird das in c) gezeichnete Diagramm verwenden.
Die Eltern könnten das in b) gezeichnete Diagramm verwenden.

Basisaufgaben

Seite 131

1 *Manipulationen in einem Liniendiagramm erkennen und formulieren; Gründe finden*

a) Ergänzung der Sätze individuell verschieden, z. B. ... nicht bei null beginnt.
... die Anzahl der Unfälle 2013 extrem niedrig war und in den Folgejahren enorm angestiegen ist.

b) verschiedene Antworten möglich, z. B.: Interesse an dieser Darstellung könnte ein Versicherungsunternehmen haben, das Kunden Unfallversicherungen verkaufen möchte.

c) z. B. Liniendiagramm mit Einteilung der y-Achse von 0 bis z. B. 3500;
oder zur besseren Erkennbarkeit stellt man nur die Änderung zum Vorjahr dar (z. B. Säulendiagramm 2014: ca. 40; 2015: ca. 70; Überschrift: Änderung der Unfallzahlen zum Vorjahr)

2 *Darstellungen eines Sachverhalts in verschiedenen Diagrammen vergleichen*

① korrekte Darstellung

② korrekte Darstellung; evtl. fraglich, ob die Punkte durch Linien verbunden werden dürfen, da über die Anzahl der Lachse nach z. B. 1,5 Jahren oder 4,3 Jahren keine Zahlen bekannt sind

③ Darstellung fehlerhaft: Es fehlt die Angabe zur Anzahl der Lachse im Jahr Null. Es fehlt eine Überschrift. Generell ist ein Kreisdiagramm auch nicht geeignet, um eine zeitliche Entwicklung darzustellen, da ja keine Anteile gefragt sind.

Anschaulichkeit: individuell, wobei Abbildung ② sehr dynamisch wirkt

Seite 131

3 *manipulative Piktogrammdarstellung erläutern*

a) 5 % der 16- bis 24-jährigen können die Raten ihrer Handyrechnung nicht zahlen. Bei den 25- bis 65-jährigen sind es 10 %, also ein doppelt so hoher Anteil, der in Zahlungsschwierigkeiten für die Handyrechnung steckt.

b) Die Manipulation besteht in der flächenmäßig etwa 4-fach vergrößerten Darstellung des rechten Piktogramms gegenüber dem linken Bild, obwohl sich der prozentuale Anteil lediglich verdoppelt.
Es entsteht der Eindruck, dass die Zahlungsschwierigkeiten noch viel stärker zunehmen (sich ca. vervierfachen) als sie es eigentlich tun.

c) z. B. Jugendliche, die zeigen wollen, dass die Verschuldung bei Älteren viel größer ist als bei ihnen und sie somit verantwortungsvoller sind als gedacht.
oder: Organisationen, die Jugendliche warnen wollen, dass sie in Zukunft auf ihre Handyrechnung achten sollen.

4 *ein manipulatives Liniendiagramm erläutern und kritisch bewerten*

a) Das Diagramm zeigt die CO_2-Konzentration in der Atmosphäre innerhalb der letzten Jahre.

b) Die y-Achse beginnt erst bei 370 ppm.
Neudarstellung: Die y-Achse muss mit null beginnen.
Aus der Darstellung wird dann ein nicht so „dramatischer" Anstieg erkennbar.
Die Frage ist dabei, ob ein Anstieg von 20ppm – 25 ppm in 10 Jahren für die Umwelt dramatisch ist oder nicht.
Das kann das Diagramm alleine nicht beantworten.

5 *ein manipulatives Kreisdiagramm erläutern, korrigieren und kritisch bewerten*

a) Die Angaben ergänzen sich nicht zu 100 %. Es wirkt so, als ob der Großteil der Jugendlichen unzufrieden ist.

b) Die Frage ist, wo die Quelle des Fehlers ist.
1. Es gab noch eine weitere Antwortmöglichkeit wie „weiß nicht", die 19 % Anteil hatte. Dann muss man das Kreisdiagramm mit den korrekten Winkeln (26 % $\triangleq$ 93,6°; 55 % $\triangleq$ 198°; 19 % $\triangleq$ 68,4°) zeichnen. Der Anteil der unzufriedenen Jugendlichen sieht also geringer aus.
2. Es gab nur die beiden Antwortmöglichkeiten und die Prozentzahlen sind falsch: „Ja" hat einen Winkel von etwa 115°, also einen Anteil von etwa 32 %. „Nein" hätten dann 68 % geantwortet. Es waren sogar noch mehr Jugendliche unzufrieden.
Leserbrief individuell verschieden

Weiterführende Aufgaben

Seite 132

6 *manipulierte Diagramme erstellen*

a) Zeichenübung

b) Zeichenübung, z. B. mit einer Einteilung der y-Achse von 25 % bis 100 %

c) Zeichenübung, z. B. mit auf der x-Achse weiter auseinanderliegenden Markierungen für die Jahre und einer „gestauchten" y-Achse (z. B. Markierungen 0 % bis 100 % bei nur halber Höhe der Achse)

d) $95 : 28 \approx 3{,}4$
Der Prozentsatz ist von 2011 zu 2015 etwa auf das 3,4-fache angestiegen.
Zeichenübung, z. B. mit einem Handysymbol (für 2011), das für 2015 3,4-mal so breit und 3,4-mal so lang gezeichnet wird. Das Symbol für 2015 hat somit den 11,56-fachen Flächeninhalt des Symbols für 2011.

7 *korrektes und manipuliertes Kreisdiagramme erstellen*

a) Sonstige: 12 %;
Zeichenübung mit folgenden Winkelgrößen: Samsung (162°); Apple iPhone (82,8°); Sony Xperia (21,6°); LG (18°); HTC One (10,8°); HTC (10,8°); Huawei (10,8°); Sonstige (43,2°)

b) mögliche Lösung z. B. Weglassen der „Sonstigen":
Dann ergeben sich zusammen nur 88 %, die im manipulierten Diagramm 100 % entsprechen sollen. Berechnung der neuen Anteile und Winkelgrößen:
Samsung $\frac{45}{88} \approx 0{,}511 = 51{,}1\,\%$ ($\approx$184°); Apple iPhone $\frac{23}{88} \approx 0{,}261 = 26{,}1\,\%$ ($\approx$94°);
Sony Xperia $\frac{6}{88} \approx 0{,}068 = 6{,}8\,\%$ ($\approx$24°); LG $\frac{5}{88} \approx 0{,}057 = 5{,}7\,\%$ ($\approx$21°);
HTC One, HTC und Huawei je $\frac{3}{88} \approx 0{,}034 = 3{,}4\,\%$ ($\approx$12°)
Zeichenübung

c) mögliche Lösung z. B. analog zu Teilaufgabe b), durch Weglassen der restlichen Marken:
Es ergeben sich 68 %, die im manipulierten Diagramm 100 % entsprechen sollen.
Berechnung der neuen Anteile und Winkelgrößen:
Samsung $\frac{45}{68} \approx 0{,}662 = 66{,}2\,\%$ ($\approx$238°); Apple iPhone $\frac{23}{88} \approx 0{,}338 = 33{,}8\,\%$ ($\approx$122°)
Zeichenübung

Seite 132

8 *manipulierte Piktogramme bewerten*
Ableseübung: Skoda 250 000; Audi 500 000; VW 1,5 Mio.
Die Grafik ist nicht korrekt, weil z. B. ...
... 3-mal so viele VW-Fahrzeuge wie Audi-Fahrzeuge betroffen waren, das VW-Piktogramm jedoch einen 9-mal so großen Flächeninhalt hat wie das Audi-Piktogramm.
... etwa doppelt so viele Audi-Fahrzeuge wie Skoda-Fahrzeuge betroffen waren, das Audi-Piktogramm jedoch einen 4-mal so großen Flächeninhalt hat wie das Skoda-Piktogramm.
Es wurde jeweils die Länge und die Breite verändert, was dann einen zu großen Flächeninhalt erzeugt hat.

9 *manipuliertes Piktogramm als Anfang eines Berichts verwenden*
a) Die Werte wurden in einer Kombination aus Säulendiagramm und Piktogramm dargestellt: Statt der Säulen wurden Bilder in der jeweiligen Höhe verwendet, die jedoch insgesamt vergrößert dargestellt werden, also nicht nur in der Höhe, sondern auch in der Breite. Dadurch wird die Höhe z. B. nicht nur verfünffacht, sondern auch die Breite; der Flächeninhalt erhöht sich damit um den Faktor 25.
b) individuelle Gründe und passende Texte dazu
z. B. Es könnte ein Umweltschützer zeigen wollen, dass viel zu viele Bäume in Wald 3 gefällt wurden. Der Text würde dann beschreiben, dass im Vergleich zu Wald 1 und Wald 2 weitaus mehr Holz produziert wurde und das schlecht für die Natur ist.
oder: Der Besitzer von Wald 3 (oder der Verwalter, Förster) könnte zeigen wollen, dass er sehr viel mehr produziert hat als die Besitzer der beiden anderen Wälder. Im Text würde er dann schreiben, wie schnell und gut er und seine Mitarbeiter im Vergleich zu den Anderen gearbeitet haben.
c) Zeichenübung; Säulen alle gleich breit

Befragungen und Darstellungen manipulieren

Erforschen und Entdecken

Seite 133

1 *Manipulation durch gegebene Antwortmöglichkeiten zum Thema Freundschaft erkennen*
Durchführung einer Umfrage
Fragebogen 2 ist besser geeignet, um möglichst viele zustimmende Antworten zu erhalten. In diesem Fragebogen wird die positive Antwortmöglichkeit aus Fragebogen 1 (stimme zu) noch einmal aufgefächert in drei positive Antworten (stimme voll zu; stimme zu; stimme teilweise zu). Dadurch können z. B. Personen, die nur eingeschränkt zustimmen, auf Fragebogen 2 positiv antworten, während sie auf Fragebogen 1 möglicherweise „stimme nicht zu" angekreuzt hätten.
Die Auswahl der Antwortmöglichkeiten kann das Ergebnis einer Umfrage beeinflussen.

2 *Manipulationen in Diagrammen erkennen und diskutieren (Verhältnis von Flächen und Volumen)*
a) Diskussionsaufgabe; Diagramm ① ist am geeignetsten, weil es das Verhältnis 1 : 2 korrekt darstellt.
b) ① 1 : 2 (bezogen auf die Höhe des Münzstapels); ② 1 : 4 (bezogen auf den Flächeninhalt);
③ 1 : 8 (bezogen auf das Volumen)
c) möglicher Grund: bewusste Verzerrung (Übertreibung eines Sachverhaltes)
Solche Darstellungen (② und ③) könnte z. B. Stefan verwenden, um eine Taschengelderhöhung durchzusetzen.

3 *Manipulation in einem Säulendiagramm erkennen (Veränderungen versus absolute Werte)*
a) 25 €; 20 €; 16 €; 10 €
b) Diskussionsaufgabe: Die Darstellung vermittelt auf den ersten Blick eine Abnahme der Schulden. Da aber nur die Neuverschuldung dargestellt ist, bleibt in der Darstellung verborgen, dass die Gesamtschulden zunehmen.
c) z. B. der Schuldner selbst
d) Darstellung der Entwicklung der Gesamtschulden: Januar 25 €; Februar 45 €; März 61 €; April 71 €
e) Kreativaufgabe mit individuell verschiedenen Ergebnissen

Basisaufgaben

Seite 134

1 *Manipulationen in einem Fragebogen erkennen und beheben*
a) Beschreibung individuell verschieden, z. B.: Im einleitenden Text wird für eine „Oase der Stille" geworben, was im Vorfeld einer Umfrage eigentlich nicht getan werden sollte.
Weiter wird ein Zusammenhang zwischen fehlender Stille und schlechten Noten angegeben, aber nicht belegt. Dazu wird in der „wir"-Form geschrieben, d.h. dem Leser wird das Gefühl gegeben, dass er die gleiche Ansicht wie der Autor des Textes vertritt.
Es gibt drei zustimmende, jedoch nur eine ablehnende Antwortmöglichkeit.
Die Wortwahl bei den Antwortmöglichkeiten ist für die drei positiven Antworten nicht neutral, sondern relativ euphorisch, was wiederum beeinflussend wirken kann. Außerdem meinen die beiden Antworten „unbedingt" und „gute Idee" eigentlich das Gleiche.

Seite 134

1 (Fortsetzung)

b) individuell verschieden, z. B. Weglassen des einleitenden Textes; Frage kann beibehalten werden; zwei Antwortmöglichkeiten: ja / nein

2 *manipulative Fragebögen entwerfen*

handlungsorientierte Aufgabe mit individuell verschiedenen Ergebnissen
Fragebogenentwürfe z. B. bei c) analog zum Fragebogen aus Basisaufgabe 1

Seite 135

3 *manipulative Fragestellung formulieren*

„Darf ich beim Musikhören Hausaufgaben machen?"
(im Gegensatz zu „Darf ich beim Hausaufgaben machen Musik hören?")

4 *Manipulation in einem Piktogramm erkennen und erklären (verfälschendes Größenverhältnis)*

Der kleine Schein ist nicht halb so groß wie der größere, sondern entspricht nur einem Viertel desselben (denn es wurden beide Seitenlängen halbiert, nicht nur eine).

5 *Manipulation im Piktogramm verdeutlichen (verfälschendes Größenverhältnis)*

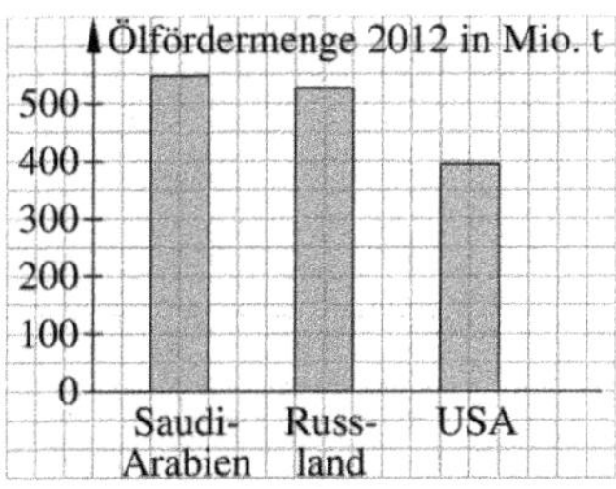

Die dargestellten Piktogramme (Ölfässer) unterscheiden sich sowohl in der Höhe als auch im Durchmesser. Dadurch wirken die Unterschiede stärker.
Eine korrekte Darstellung erhielte man z. B., wenn die Fässer bei gleichem Durchmesser proportional zur Fördermenge unterschiedlich hoch wären.

Fehler im 1. Druck: Die Manipulation ist dort noch nicht zu sehen, sondern das Piktogramm fehlerfrei.

6 *Manipulationen in einem Diagramm beschreiben*

Für die unterschiedlichen Verkehrsmittel PKW, Bahn und Reisebus wird der CO_2-Ausstoß pro Person dargestellt.

a) Es wurde jeweils die Wolkenhöhe und die Wolkenbreite dem Verhältnis der Zahlen angepasst. Daher ist z. B. die Wolke für den PKW neunmal so groß wie die für die Bahn, obwohl sie nur dreimal so groß sein sollte.
Außerdem ist die Überschrift in grün geschrieben und die Wolken grau dargestellt. Dadurch wirkt die Verschmutzung noch stärker.
Auch die Ausrufezeichen in der Überschrift zusammen mit dem Schlagwort Umwelt lenken die Aufmerksamkeit auf das Problem, sodass man es vielleicht für noch stärker empfindet.

b) individuelle Begründung; z. B.: Ein Reisebusunternehmen könnte so zeigen, dass es viel umweltfreundlicher ist als ein PKW und sogar als die Bahn.

Weiterführende Aufgaben

7 *manipuliertes Säulendiagramm für die Entwicklung von Schulden zeichnen*

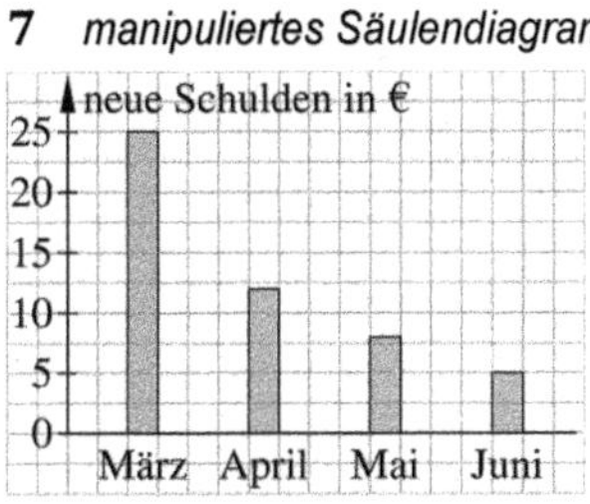

8 *verschiedene Sachverhalte in einem korrekten und einem manipulierten Diagramm darstellen*

korrekte Darstellung z. B.: | manipulierte Darstellung z. B.:

a)

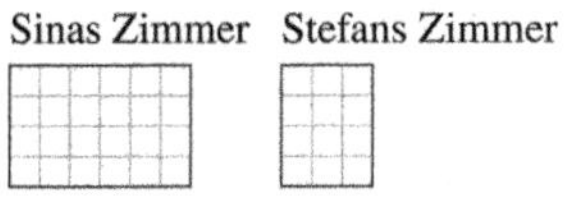

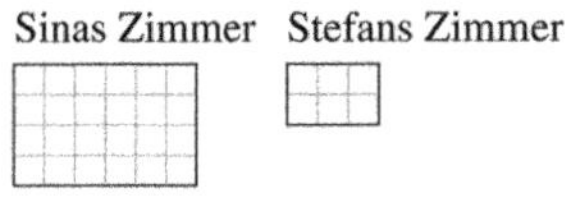

halb in Länge und in Breite

b)

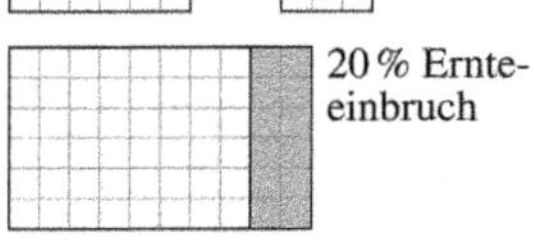

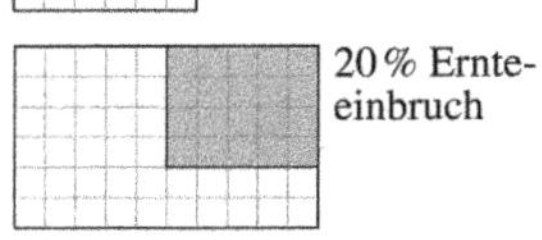

$5 \times 4 = 20$ Kästchen für 20 %

c)

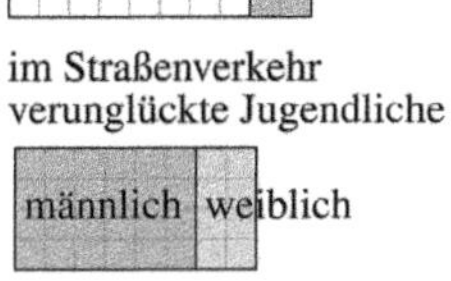

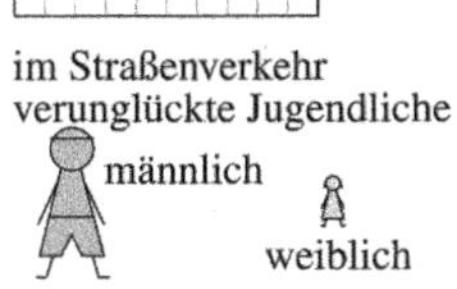

Piktogramm der Jungen um das Dreifache skaliert: das Dreifache von $\frac{1}{4}$

Seite 135

9 *Sachverhalte auf verschiedene Weisen als Diagramm darstellen; Absichten erläutern*

a) Darstellungen z. B.:

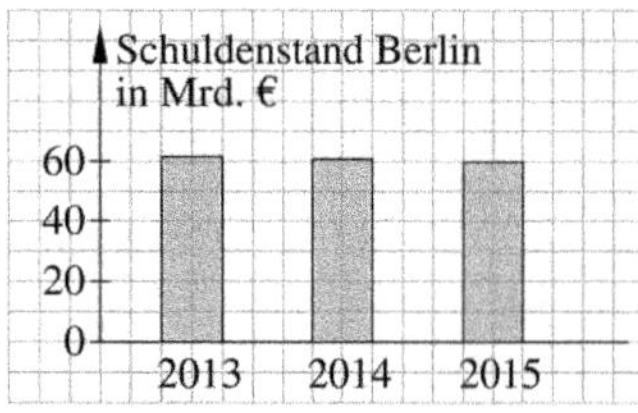

Absicht z. B.: Es soll gezeigt werden, dass die Schulden sich kaum verändert haben und noch sehr hoch sind.

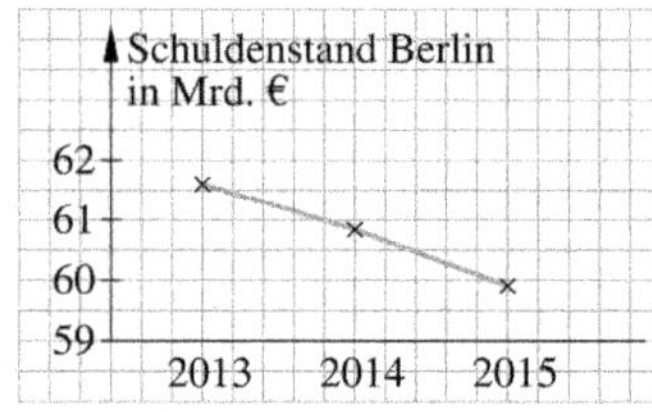

Absicht z. B.: Es soll gezeigt werden, dass die Schulden stark sinken.

b) Rechercheübung

10 *Fehler in Kreisdiagramm erklären*
Jeder Zweite lebt allein: Da die Prozentsätze sich auf die Anzahl der Haushalte und nicht der Personen beziehen, stimmt die Aussage nicht. In den 51,4 % Mehrpersonenhaushalten leben deutlich mehr als 51,4 % der Bevölkerung.
(Um dies zu erkennen, kann man sich ein Haus mit vier Wohnungen vorstellen: In zwei Wohnungen lebt nur eine Person, in einer Wohnung leben zwei und in einer Wohnung vier Personen. In zwei der vier Haushalte, also 50 %, lebt nur eine Person. Allerdings leben nur zwei von acht Personen alleine, also 25 %.)
In Singlehaushalten leben nach der Graphik höchstens 27 %. Eine genauere Aussage ist wegen der Rubrik „4 und mehr Personen" nicht möglich.

Thema: Darstellungen von Daten

Seite 137

1 *manipulative Befragungen erkennen und beschreiben*

a) Aus dem Säulendiagramm und dem Boxplot erhält man Informationen über die Längen der Schulwege, aber nicht über die benötigten Zeiten. Aus dem Streifendiagramm und dem Kreisdiagramm erhält man Informationen über die Zeiten der Schulwege, aber nicht über deren Längen.
Im Säulendiagramm kann man eine genaue Anzahl der Antworten ablesen, im Streifendiagramm und Kreisdiagramm nur die Anteile der Antworten. In diesen drei Diagrammen wurden Klassen von Antworten gebildet (z. B. 1 bis 2 km oder 20 min bis 30 min).
Im Boxplot kann man das Minimum und das Maximum der Weglängen ablesen und sieht, wie die Antworten verteilt waren.

b) Die Anzahl der Teilnehmer ist nur im Säulendiagramm ablesbar. Dazu muss man die einzelnen Anzahlen addieren und erhält 20 Teilnehmer.

c) z. B. für die Länge des Schulwegs:
„Wie weit ist der längste Schulweg eines Schülers?" (Boxplot geeignet, Säulendiagramm ungeeignet);
„Wie viele Schüler haben einen Schulweg, der länger als 2 km ist?" (Säulendiagramm geeignet, Boxplot ungeeignet)
für die Dauer des Schulwegs:
„Wie viel Prozent der Schüler sind länger als eine halbe Stunde unterwegs?" (Streifendiagramm und Kreisdiagramm geeignet)
„Wie lange dauert der längste Schulweg eines Schülers?" (Streifendiagramm und Kreisdiagramm ungeeignet)

2 *Quartile bestimmen*
geordnete Datenreihe: 6 m; 12 m; 12 m; 30 m; 32 m; 32 m; 41 m; 42 m
unteres Quartil: 12 m; oberes Quartil: $\frac{32\text{ m} + 41\text{ m}}{2} = 36{,}5$ m

3 *Kreisdiagramm und Boxplot zum selben Sachverhalt erstellen und vergleichen*

a) Zeichenübung Kreisdiagramm; „weniger als 50" entsprechen $\frac{2}{7}$, also ca. 103°; „zwischen 50 und 100" entsprechen $\frac{4}{7}$, also ca. 206°; „mehr als 100" entspricht $\frac{1}{7}$, also ca. 51°

b)

individuelle Begründung, was anschaulicher ist

4 *Boxplot zu Preisen erstellen und begründet auswerten*

a)

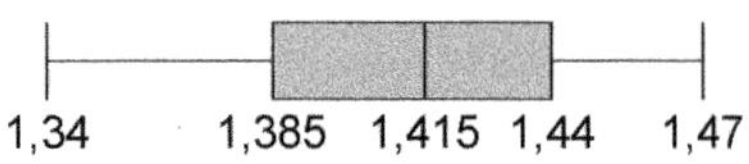

(Preise in €)

b) individuelle Begründung; z. B. Die Box enthält die „normalen" Werte. Die normale Preisspanne betrug daher 1,39 € bis 1,44 €.

Seite 137

5 *Boxplots vergleichen*
Gemeinsamkeiten: Bei allen drei Boxplots beträgt der Median 30, das Minimum 10 und das Maximum 50.
Unterschiede: Beim ersten Boxplot ist das untere Quartil vom Median gleich weit entfernt wie das obere Quartil. Auch sind das Minimum und das Maximum gleich weit von der Box entfernt. Beim zweiten Boxplot ist die Box viel breiter als beim ersten Boxplot. Wiederum sind das untere Quartil und das obere Quartil gleich weit vom Median entfernt. Auch sind das Minimum und das Maximum gleich weit von der Box entfernt. Da die Box hier sehr viel näher an das Minimum und Maximum heranreicht als beim ersten Boxplot, kann man sagen, dass hier die Daten mehr „streuen". Im dritten Boxplot ist die Box viel schmaler. Man könnte sagen, dass die Daten „wenig streuen". Der Median ist näher am unteren Quartil als am oberen Quartil. Das Maximum ist näher an der Box als das Minimum.

Methode: Diagramme mit dem Computer manipulieren

Seite 139

1 *Umsatztabelle recherchieren, mit Tabellenkalkulation Diagramm erstellen und manipulieren*
a) Rechercheauftrag
b) Vorgehensweise analog zu den Schritten 1 und 2 im Lehrbuch. In Schritt 2 muss „Säule" und die gewünschte Darstellungsform gewählt werden.
c) Vorgehensweise analog zu den in Schritt 3 (Skalen-Manipulationen durchführen) aufgeführten Manipulationsmöglichkeiten

Methode: Manipulationen bei Befragungen

Seite 140

1 *manipulative Befragungen erkennen und beschreiben*
individuelle Begründungen; hier Beispiele angegeben
a) Mit „Wikipedia oder Kaffeesatzlesen?" soll manipuliert werden.
Dies geschieht dadurch, dass nur zwei Antwortmöglichkeiten vorgegeben werden, wovon eine ganz klar als unseriös gilt (Kaffeesatzlesen).
b) Mit der Möglichkeit rechts soll manipuliert werden. Hier wird bereits in der Frage mit vorgegeben, welches Abstimmungsergebnis man sich erhofft, nämlich eine Zustimmung für die Schuluniform. Als Grund wird dabei schon angegeben. dass sich Schülerinnen und Schüler dann weniger über ihre Kleidung definieren würden.
c) Mit der Befragung weniger Zuschauer nach einem Fußballspiel soll manipuliert werden. Es handelt sich mit großer Wahrscheinlichkeit um Fußballfans, also werden wohl die meisten Personen Fußball als Sportart angeben.

2 *manipulative Befragungen erkennen und beschreiben; neutrale Befragung entwerfen*
Die Fragen im Vorfeld sind bereits manipulativ formuliert: „**unreife** Jugendliche"; „**schon** wählen lassen"; „**genug** auseinandergesetzt", „**begründete** Wahl". Dies erweckt Zweifel, ob Jugendliche schon wählen sollten.
Die eigentliche Frage im Fragebogen deutet durch das Wort „**nur**" an, dass man mit 16 Jahren zu jung sein könnte, um zu wählen.
Bei den vorgegebenen Antworten gibt es zwei negative und nur eine positive.
Neutraler Fragebogen individuell verschieden, z.B.:
Sollte das Wahlalter auf 16 Jahre herabgesetzt werden? ■ ja ■ nein

3 *Ziel einer Befragung festlegen und passenden manipulativen Fragebogen entwerfen*
individuelle Ergebnisse

Zweistufige Zufallsexperimente

Erforschen und Entdecken

Seite 141

1 *Ergebnisse zweistufiger Zufallsexperimente erarbeiten; Anzahl von Möglichkeiten bestimmen*
a) (Murat | Sören), (Murat | Fiona), (Murat | Natalie)
(Sören | Murat), (Sören | Fiona), (Sören | Natalie)
(Fiona | Murat), (Fiona | Sören), (Fiona | Natalie)
(Natalie | Murat), (Natalie | Sören), (Natalie | Fiona)
Man erhält $(4 \cdot 3 =)$ 12 Kombinationen.
Es wird zwischen Klassensprecher und Stellvertreter unterschieden, deshalb ist die Kombination (Murat | Fiona), Murat wird Klassensprecher, eine andere als (Fiona | Murat), Fiona wird Klassensprecherin.
b) Bei 3 Schülern sind es $3 \cdot 2 = 6$ Möglichkeiten; bei 5 Schülern $5 \cdot 4 = 20$ Möglichkeiten.

Seite 141

2 *Ergebnisse zweistufiger Zufallsexperimente als Baumdiagramm und in einer Tabelle darstellen*

a) z.B.:
Am Baumdiagramm kann sofort hintereinander die Kombination abgelesen werden. In der Tabelle muss man den Zeilen- und Spaltenkopf richtig auswählen.
Die Tabelle ist platzsparender als das Baumdiagramm.

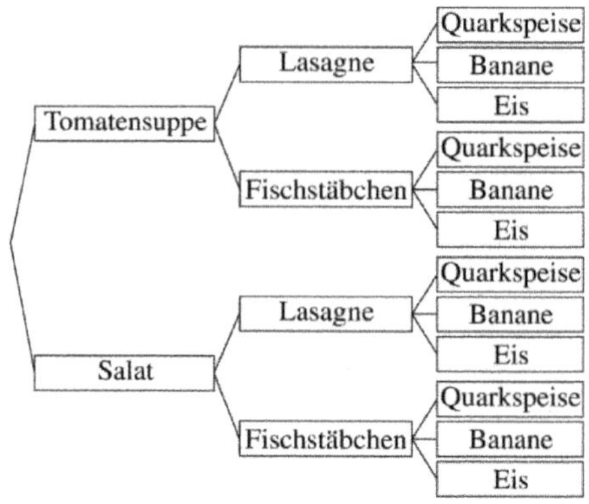

b) 6 verschiedene Möglichkeiten

c) Eine Tabelle ist nicht möglich, da nur 2 „Größen" zugeordnet werden können.

3 *Wahrscheinlichkeiten beim doppelten Münzwurf anschaulich berechnen*

a) Jede Münze landet mit der gleichen Wahrscheinlichkeit auf Kopf oder Zahl. Somit sind die vier möglichen Ergebnisse für die beiden Münzen zusammen auch gleich wahrscheinlich.

b) Die Wahrscheinlichkeit, dass die deutsche Münze eine 1 zeigt, ist $\frac{1}{2}$.
Die Wahrscheinlichkeit, dass die irische Münze eine 2 zeigt, ist $\frac{1}{2}$. Rechnung: $\frac{1}{2} \cdot \frac{1}{2} = \frac{1}{4}$

c) Mögliche Ergebnisse (Münze | Würfel): (Harfe | 1); (Harfe | 2); (Harfe | 3); (Harfe | 4); (Harfe | 5); (Harfe | 6); (Zahl | 1); (Zahl | 2); (Zahl | 3); (Zahl | 4); (Zahl | 5); (Zahl | 6)
Es gibt 12 mögliche Ergebnisse. Diese sind alle gleich wahrscheinlich, da eine Münze mit gleicher Wahrscheinlichkeit auf Kopf oder Zahl landet und ein Würfel mit gleicher Wahrscheinlichkeit auf jeder Zahl. Somit ist die Wahrscheinlichkeit für (Harfe | 5) gleich $\frac{1}{12}$. Die Wahrscheinlichkeit, dass die irische Münze die Harfe zeigt, ist $\frac{1}{2}$.
Die Wahrscheinlichkeit, dass der Würfel eine 5 zeigt, ist $\frac{1}{6}$. Die Gleichung $\frac{1}{2} \cdot \frac{1}{6} = \frac{1}{12}$ ist wiederum erfüllt.

Basisaufgaben

Seite 143

1 *Baumdiagramm zu Urnen-Experiment erklären und verwenden*

a) In der Kiste liegen drei weiße und zwei schwarze Kugeln. Somit ist die Wahrscheinlichkeit für weiß $\frac{3}{5}$ und für schwarz $\frac{2}{5}$. Da die gezogene Kugel zurückgelegt wird, ändert sich die Wahrscheinlichkeit nicht und da noch einmal gezogen wird, gibt es zwei Stufen.

b) $\frac{2}{5} \cdot \frac{2}{5} = \frac{4}{25} = 16\,\%$

2 *Glücksrad: Auswirkung von Veränderung untersuchen*

a)

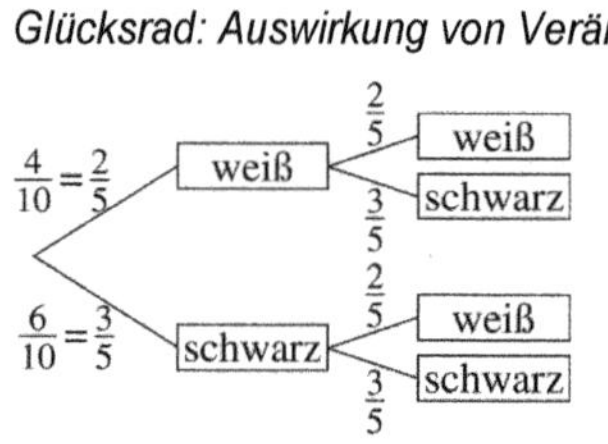

b) Die Wahrscheinlichkeiten bleiben gleich:
Statt $\frac{4}{10}$ und $\frac{6}{10}$ stehen nun $\frac{8}{20}$ und $\frac{12}{20}$ an den Zweigen des Baumdiagramms.
Gekürzt ergeben sich in beiden Fällen die Wahrscheinlichkeiten $\frac{2}{5}$ und $\frac{3}{5}$.

3 *Aufgaben bzw. Zufallsexperimente zu gegebenen Baumdiagrammen finden*

z.B.:

a) Ein Gefäß enthält eine rote und zwei weiße Kugeln. Es wird zweimal nacheinander mit Zurücklegen gezogen.

b) Es wird nacheinander an zwei Glücksrädern gedreht. Beide Glücksräder haben je einen roten und einen blauen Farbbereich. Diese Bereiche sind folgendermaßen verteilt:
Glücksrad 1: rot 75 %, blau 25 %; Glücksrad 2: rot 50 %, blau 50 %

4 *Mitbringen von Arbeitsmaterialien: Baumdiagramm erstellen; Wahrscheinlichkeiten bestimmen*

a)

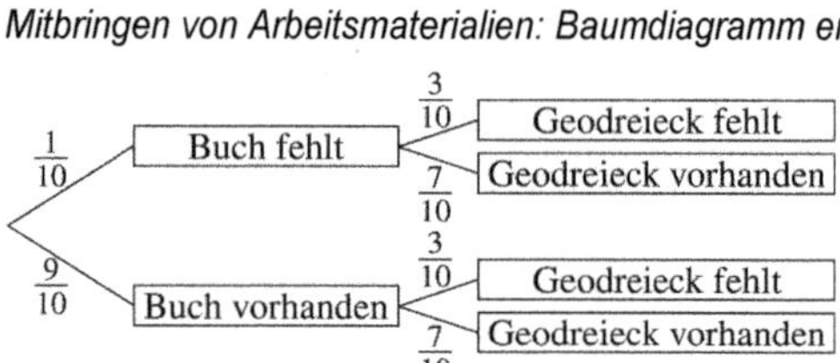

b) $\frac{9}{10} \cdot \frac{7}{10} = \frac{63}{100} = 63\,\%$

c) $\frac{1}{10} \cdot \frac{3}{10} = \frac{3}{100} = 3\,\%$

Seite 143

Weiterführende Aufgaben

5 *Geschlecht von Zwillingen: Möglichkeiten bestimmen; Baumdiagramm erstellen; Aussage prüfen*

a) (Junge | Junge), (Junge | Mädchen), (Mädchen | Mädchen)

b)

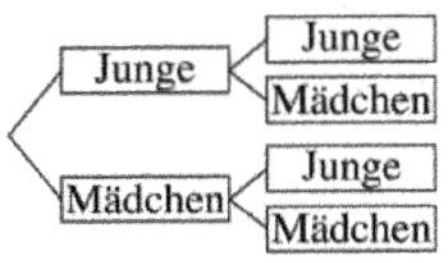

c) Die Wahrscheinlichkeit für Junge und Mädchen ist jeweils $\frac{1}{2}$.
In b) sieht man, dass man nicht nur drei Ergebnisse hat, sondern auch die Reihenfolge beachten muss, sonst sind die Ergebnisse nicht gleich wahrscheinlich.
Die Wahrscheinlichkeit für zwei Mädchen ist also $\frac{1}{2} \cdot \frac{1}{2} = \frac{1}{4}$.

6 *Zoll-Kontrolle: Wahrscheinlichkeiten aus Einzelwahrscheinlichkeiten bestimmen*

a) $15\,\% \cdot 15\,\% = 2{,}25\,\%$ **b)** $85\,\% \cdot 85\,\% = 72{,}25\,\%$ **c)** $85\,\% \cdot 15\,\% = 12{,}75\,\%$

7 *Spielkarten: Wahrscheinlichkeiten bestimmen*

a)

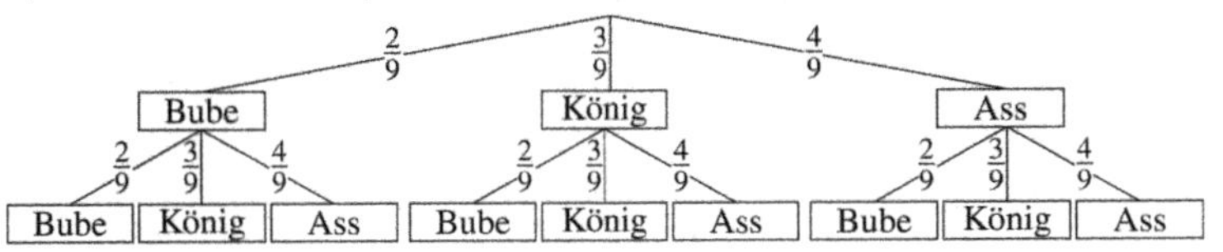

b) P(erst ein Ass, dann ein Bube):
$\frac{4}{9} \cdot \frac{2}{9} = \frac{8}{81} \approx 9{,}88\,\%$
P(zwei Könige):
$\frac{3}{9} \cdot \frac{3}{9} = \frac{9}{81} \approx 11{,}11\,\%$

8 *Qualitätskontrollen: Wahrscheinlichkeiten aus Einzelwahrscheinlichkeiten bestimmen*

Dass ein vorhandener Fehler erst vom zweiten Laser entdeckt wird, bedeutet, dass der erste Laser den Fehler nicht findet, der zweite Laser aber schon.

P(erste Laser findet Fehler nicht, zweiter Laser findet Fehler) $= 20\,\% \cdot 95\,\% = 19\,\%$

Mit einer Wahrscheinlichkeit von 19 % wird ein vorhandener Fehler erst vom zweiten Laser entdeckt.

Vermischte Übungen

Seite 144

1 *zu einem Sachverhalt je ein korrektes und manipuliertes Säulendiagramm erstellen*

a) Darstellung im Säulendiagramm

b) individuell verschieden; z. B. y-Achse beginnend bei 30 oder 35 %
Ein Interesse an solch einer Darstellung könnten alle haben, die erzieherisch für eine gesunde Ernährung von Jugendlichen eintreten.

2 *Ergebnisse einer Befragung korrekt und manipuliert darstellen*

a) Es sind Mehrfachnennungen dabei, dadurch ergänzen sich die Angaben nicht zu 100 %, sondern zu mehr als 100 %. Ein Kreisdiagramm eignet sich nur für Angaben, die zusammen 100 % ergeben.

b) Zeichenübung; z. B. wäre ein Säulendiagramm sehr gut geeignet

c) verschiedene Lösungen möglich, z. B. Säulendiagramm, in dem die y-Achse nicht bei null beginnt, sondern erst bei etwa 37 %; Zeichenübung

3 *Piktogrammdarstellung bewerten*

a) individuell verschieden; z. B.: Hier wurde falsch skaliert. Die Fläche der Piktogramme ist nicht proportional zur Einwohnerzahl, weil die Veränderung in der Höhe und in der Breite abgetragen wurde.

b) individuell verschieden

4 *Piktogrammdarstellung vergleichen*

a) Die Münzstapel unterscheiden sich nur in der Höhe. Die Goldbarren unterscheiden sich in Höhe, Breite und Tiefe. Deshalb wird der finanzielle Unterschied viel deutlicher dargestellt als er in Wirklichkeit ist.

b) Die Darstellung mit den Münzstapeln gibt den Sachverhalt korrekt wieder. Der zweite Stapel ist nämlich 1,2-mal so hoch wie der erste und genauso breit. Der zweite Goldbarren ist jedoch 1,2-mal so breit, 1,2-mal so hoch und 1,2-mal so tief wie der erste. Damit sieht er etwa 1,7-mal so groß aus wie der erste.

c) Um seine Großeltern zu manipulieren, sollte Dirk die Darstellung mit den Goldbarren vorzeigen.

5 *zu einem Sachverhalt je ein korrektes und manipuliertes Kreisdiagramm erstellen*

a)

Empfinden	lockerer	unverändert	ermüdend	keine Angabe
Anteil in %	41	21	15	23
Winkelanteil	147,6°	75,6°	54°	82,8°

Seite 144

5 (Fortsetzung)

a) manipuliert:

Anteil in %	53,2	27,3	19,5
Winkelanteil	191,5°	98,3°	70,2°

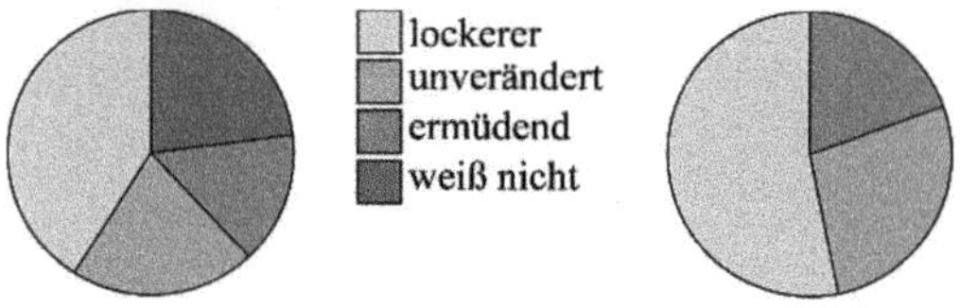

z.B.: In der manipulierten Darstellung ist der Anteil für die Aussage zur „guten" Wirkung des Alkohols wesentlich höher.

b) individuell verschieden

6 *Umfrage planen, durchführen, auswerten und präsentieren*

a) individuelle Umfrage und Ergebnisse **b)** individuelle Darstellung aus zwei Sichten

Seite 145

7 *manipulierenden Fragebogen entwerfen und Ort der Umfrage passend finden*

individueller Fragebogen

8 *Fehler in Diagramm finden und korrigieren*

a) Die y-Achse beginnt nicht bei 0.

b) Giada bekommt jedes Jahr weniger Geld. Durch diese Darstellung erscheint z.B. der Unterschied zwischen dem Betrag aus 2006 und dem von 2007 größer, als er es in Wirklichkeit ist.

c)

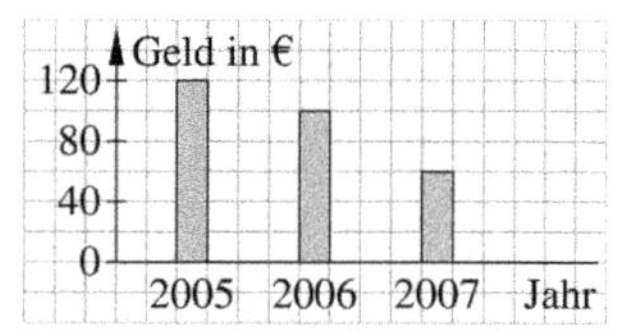

9 *Flächendarstellung prüfen und korrigieren*

a) Die Wohnfläche hat sich etwa um das 1,15-fache erhöht.

b) Das Diagramm gibt die Daten nicht korrekt wieder, denn es wurden Länge **und** Breite mit 1,15 multipliziert. Dadurch ist der Flächeninhalt des unteren Rechtecks $1{,}15 \cdot 1{,}15 \approx 1{,}3$-mal so groß. Um ein korrektes Diagramm zu zeichnen, kann man zum Beispiel das obere Rechteck beibehalten und nur die Länge (oder nur die Breite) mit 1,15 multiplizieren, um das untere Rechteck zu zeichnen.

10 *verschiedene Smileys: Anzahl der Kombinationsmöglichkeiten angeben*

Es gibt $4 \cdot 3 = 12$ verschiedene Smileys.

11 *Urnen-Experiment: Baumdiagramm erstellen; Wahrscheinlichkeiten bestimmen*

Das passende Baumdiagramm sieht so aus:

a) $\frac{3}{10} \cdot \frac{3}{10} = \frac{9}{100} = 9\,\%$ **b)** $\frac{1}{5} \cdot \frac{1}{5} = \frac{1}{25} = 4\,\%$

c) $\frac{1}{2} \cdot \frac{1}{2} = \frac{1}{4} = 25\,\%$ **d)** $\frac{1}{5} \cdot \frac{1}{2} = \frac{1}{10} = 10\,\%$

e) $\frac{4}{5} \cdot \frac{4}{5} = \frac{16}{25} = 64\,\%$

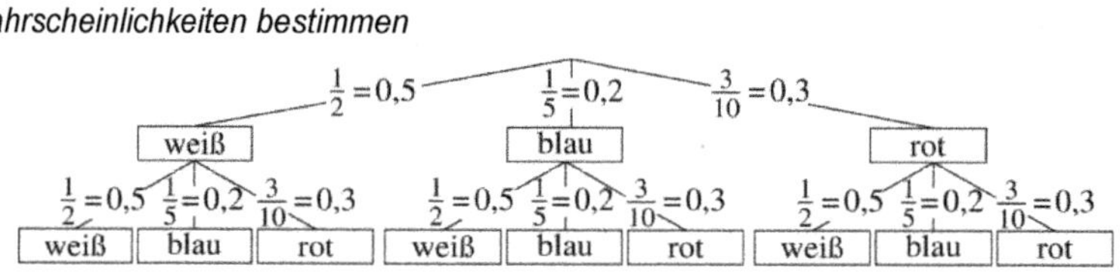

12 *Glücksrad: Baumdiagramm erstellen ; Wahrscheinlichkeiten schätzen und berechnen*

a)

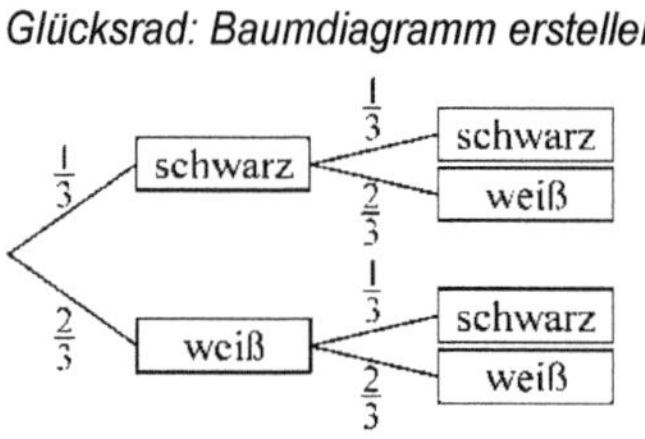

b) $\frac{1}{3} \cdot \frac{1}{3} = \frac{1}{9} \approx 11\,\%$

Die Wahrscheinlichkeit zweimal schwarz zu drehen ist $\frac{1}{9}$.

13 *manipulative Darstellung eines Glücksspiels erkennen und Wahrscheinlichkeiten berechnen*

a) Es werden nur die Wege angezeigt, die zu Gewinnen führen. All die anderen Möglichkeiten werden nicht dargestellt.

b) $40\,\% \cdot 10\,\% = 4\,\%$; In 4 % der Fälle gewinnt man das Radio.

c) $50\,\% \cdot 10\,\% = 5\,\%$; In 5 % der Fälle gewinnt man die Kaffeemaschine.

d) Die Gewinnwahrscheinlichkeiten ändern sich nicht. Man gewinnt das Radio mit einer Wahrscheinlichkeit von $10\,\% \cdot 40\,\% = 4\,\%$ und die Kaffeemaschine mit einer Wahrscheinlichkeit von $10\,\% \cdot 50\,\% = 5\,\%$.
Was sich aber ändert, ist die Wahrscheinlichkeit, nach dem ersten Drehen noch gewinnen zu können. Wenn man erst in der zweiten Runde den Preis verliert, wirkt es knapper als wenn man schon nach der ersten Runde keine Chance mehr hat. Bei der Regel des Betreibers muss man in der ersten Runde rot oder gelb drehen, um noch einen Preis gewinnen zu können. Das schafft man in 90 % der Fälle. Muss man erst grün drehen, dann schafft man das nur in 10 % der Fälle.

Seite 146

Auf und davon

a) Fragebogen individuell, z.B. mit den Fragen
Wie häufig fahren Sie im Jahr in den Urlaub? (z.B. zum Ankreuzen)
Welches ist Ihr liebstes Urlaubsland? (z.B. als offene Frage)
Wie sind Sie zu Ihrem letzten Urlaubsziel gelangt? (z.B. zum Ankreuzen)
Wie wichtig ist Ihnen im Urlaub die Möglichkeit Sport zu treiben/wandern zu gehen/im Meer zu baden/elegant auszugehen/neue Bekanntschaften zu machen/...?
(jeweils mit Skala: sehr wichtig <-> vollkommen unwichtig)

b)

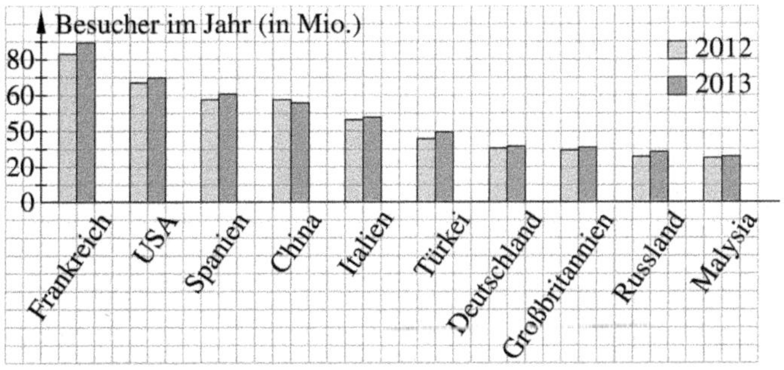

c) individuelle Ergebnisse; der Fragebogen könnte folgende Elemente enthalten;
einleitender Text, z. B.: Finden Sie Deutschland auch so wunderschön wie wir? Wir, Ihre Hotelfachbetriebe Deutschlands, wünschen uns, dass Sie sich bei uns wohlfühlen.
manipulative und suggestive Wortwahl bei Fragen und Ankreuzmöglichkeiten, z.B.:
Finden Sie es erleichternd sich im Urlaub auf Deutsch verständigen zu können?
selbstverständlich/ finde ich angenehmer /auf jeden Fall / ist mir nicht so wichtig

d) Die Verbindungslinie zwischen dem Gesamt-Fluggastaufkommen der Jahre 2012 und 2013 wird steigend gezeichnet, obwohl bei einer Steigerung von 200 Mio. auf 202 Mio. Passagiere (um 1%) die Steigung in der Zeichnung normalerweise nicht erkennbar wäre. Der optische Effekt wird durch das leicht nach oben geneigte (steigende) Flugzeug noch verstärkt.
Die Skalierung der senkrechten Achse ist nicht maßstabsgerecht (die Zahlen 36 und 47 müssten viel mehr Abstand zur Zahl 118 haben); außerdem beginnt die Achse nicht bei 0.

e) Laut der Statistik für ein Jahr haben 30,3% der Deutschen Urlaub in Deutschland gemacht. Nimmt man nun an, dass es auch im Jahr davor so war, dann kann man wie bei einem zweistufigen Zufallsexperiment rechnen. Der Anteil der Leute, die zweimal nacheinander in Deutschland Urlaub gemacht haben ist dann $30{,}3\,\% \cdot 30{,}3\,\% \approx 9{,}2\,\%$.
Die Schlagzeile könnte man also so formulieren.

f) Folgende Fakten könnten z.B. verwendet werden:
- steigende Besucherzahlen (2012 zu 2013) in Spanien, Italien, der Türkei und in Frankreich
- Fast die Hälfte der 10 beliebtesten Reiseziele aller Nationen sind Mittelmeerländer.
- 35% ihrer Urlaubsreisen (2013) verbrachten die Deutschen am Mittelmeer. Nur 7% waren Fernreisen.
- Die Türkei, Frankreich und Spanien erzielten 2013 unter den 10 beliebtesten Reisezielen aller Nationen den größten Zuwachs an Besucherzahlen.

g) Urlaubstage im Ausland
Minimum: 0
Maximum: 24
Median: 5
unteres Quartil: 1,5
oberes Quartil: 12

Urlaubstage in Deutschland
Minimum: 0
Maximum: 15
Median: 4
unteres Quartil: 1
oberes Quartil: 8

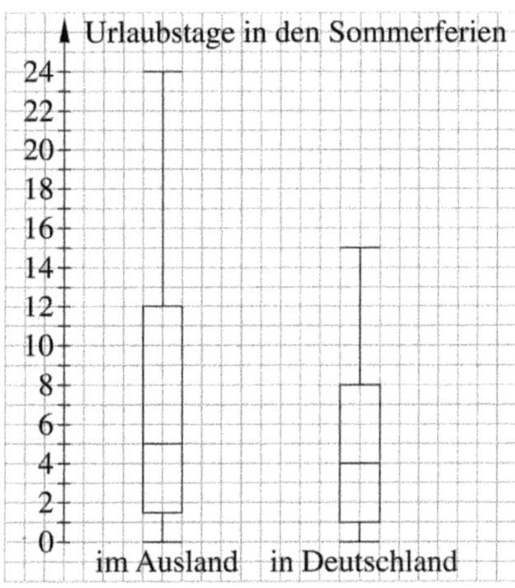